dialog

Henschelverlag
Kunst und Gesellschaft
Berlin 1988

*Rainer Werner*
*Fassbinder*

# *Katzelmacher*
# *Preparadise sorry now*
# *Bremer Freiheit*
# *Blut am Hals der Katze*

Mit einem Nachwort von Dieter Krebs

ISBN 3-362-00326-5

# Inhalt

# *Katzelmacher*

Für Marieluise Fleißer

Personen

*Helga*
*Gunda*
*Elisabeth*
*Marie*
*Ingrid*
*Paul*
*Jorgos*
*Bruno*
*Erich*
*Franz*

Eigentlich hätte dies ein Stück über ältere Leute werden müssen.
Aber es sollte am »antiteater« realisiert werden.
Jetzt sind sie alle jung.

RWF

*Erich* Einen Durst hab ich.

*Marie* Ich hol Bier, wenn du magst. Ein Geld mußt mir geben.

*Franz* Mir bringst auch eins.

*Paul* Mir auch. Eine gute Magd ist sie, das muß man ihr lassen. Hast sie schon gestoßen?

*Helga* Pauli!

*Erich* Gestoßen? Das sind Feste sind das. So macht dir auch gar keine mit.

*Helga* Man redet doch nicht. Immer das Gered. Keine Achtung habt ihr, alle zusammen.

*Paul* Hast schon einmal mit der Achtung gestoßen? Aber schon wirklich nicht.

*Marie* Da. Das Bier. Dankschön sagt man bei die wohlerzogenen Leute.

*Paul* Wohlerzogen ist anders wie Dankschön.

*Marie* Wenn eines keinen Verstand nicht hat, soll es schweigen.

*Erich* Recht hat sie. Den Verdienst hat man mir gekürzt. Weil alles ist anders haben sie gesagt. Und was machst? Du hältst das Maul.

*Helga* Wenn eine Schulfreundin von dir schon Fabrikbesitzerin sein muß.

*Erich* Die Plattnerin? Einen Arbeiter hat sie. Und was stellen sie her? Wundertüten!

*Helga* Besser Wundertüten wie einem anderen seinen Mist gabeln.

*Erich* Ich gabel keinen Mist. Ich fahr Traktor, und eine solche Fabrik könnt ich auch haben.

*Paul* Verflucht, wann der Zug wieder kommt...

*Marie* Wahrscheinlich pünktlich, wenn dus genau wissen willst.

*Franz* Wenn es hier jede Woche einen Tanz geben tät, dann wär es schon schöner.

*Erich* Wir haben schon geredet mit dem Wirt. Ein Verlust ist das, der sich gewaschen hat, hat er gesagt mit seinem häßlichen Maul.

*Helga* Meinst, du bist schöner.

*Erich* Wie der schon. Von den umliegenden Ortschaften täten sie kommen, wenn es sich einführt.

*Franz* Die Kapelle ist zu teuer.

*Paul* Und eine Musikbox?

*Erich* Das zieht niemand her, weil eine Musikbox gibt es überall.

*Franz* In der Krone gibts jetzt eine.

*Helga* Und da ist der Raum zu klein. Von Tanz ist da keine Rede.

*Jorgos kommt.*

*Erich* Schau ihn an, wie daß der schaut.

*Marie* Und was ist das für einer?

*Paul* Ein Bärtchen muß er haben!

*Marie* Sag doch.

*Erich* Weiß ich!

*Helga* Jetzt kommt er schon her.

*Paul* Willst was he?

*Franz* Suchst du was da?

*Marie* Was bist denn du für einer?

*Erich* Kannst nicht reden, wenn man dich fragt?

*Paul* Also!

*Helga* Suchst jemand? Suchst jemand bestimmtes?

*Paul* So eine Schau, ein Blöder!

*Franz* Vielleicht will er mit uns nicht reden. Vielleicht sind wir nicht gut genug für den.

*Erich* Reden sollst. Reden!

*Jorgos* Then katalavo!

*Helga* Das ist ein Ausländer.
*Erich* Ich sags ja.
*Paul* Ich habs gesagt.
*Franz* Wahrscheinlich ein Italiener.
*Erich* Ein Ithaker.
*Helga* Was bist denn du? Ein Italiener?
*Jorgos* Italien nix.
*Paul* Das ist ein Italiener, sonst nichts. Ein Italiener ist das.
*Marie* Was will denn der bei uns?
*Franz* Das tät ich schon auch gern wissen.
*Erich* Kommt einfach daher und redet nichts.
*Helga* Wohin müssen muß er ja.
*Paul* Ein Italiener ist das.
*Helga* Wohin muß er trotzdem.
*Erich* Genau.
*Helga* Wo mußt du denn hin?
*Paul* Wo du hin mußt.
*Helga* Adresse nix? ... Firma Elisabeth Plattner.
*Paul* Zur Elisabeth, ich sags ja.
*Helga* Ich zeig dir den Weg, komm, komm!
*Paul* Weil die ist letztes Jahr in Italien gewesen. Und jetzt kommt der daher.
*Marie* Das wirft Wellen.
*Helga* Zur Elisabeth ist er gekommen. Ich hab es immer schon gesagt, wie daß die mannstoll ist. Schau nur bloß hin.
*Paul* Weil, wir sind ja nicht gut genug.
*Franz* Du schon gar nicht.
*Paul* Aber du.
*Franz* Er spinnt vielleicht.
*Paul* Ein Italiener aus Italien.
*Helga* Man möcht es nicht glauben, soviel Unverschämtheit. Aber meine Mutter hat das immer schon gesagt. Mit der Elisabeth, hat sie gesagt, laß dich nicht ein. Immer schon.

*Paul* Ein Italiener aus Italien.
*Marie* Der Zug.
*Helga* Am liebsten tät ich dableiben. Da müßte man reden mit die Leut vom Ort.
*Paul* Jetzt kommst.

*Elisabeth* Jetzt müssen wir zuerst von die Unterschriften reden. Von der Sozialversicherung und was alles abgezogen wird. Schlafen können Sie auch da bei uns, das wird abgezogen. Kommen hab ich Sie lassen, weil vom Ort die Arbeitskräfte für mich nicht in Frage kommen, außer dem Bruno, und den werden Sie ja kennenlernen, weil die sind renitent. So. Die Arbeit, die ist leicht zum Lernen, aber schnell muß es gehen, weil die Produktivität darunter leidet. Außerdem stellen sie unverschämte Lohnforderungen, weil ich schon gern wissen möcht, wie sich so was verdient. Es sind ja soviel Lumpen da umher, von die Flüchtlinge wo übriggeblieben sind und andere. Essen tun Sie auch bei mir, das wird auch abgezogen. Der Sperr Franz hat eine Woche gearbeitet bei mir, da haben sie geredet, mit dem Bruno reden sie auch, aber das sind wir jetzt schon gewohnt. Also wenn sie reden, dann müssen Sie sich gewöhnen. Einen strebsamen Menschen hab ich gesucht, weil mit der Faulheit ist nichts zum Verdienen. Jetzt wissen Sie alles.

*Erich* Von wem ist die Rede?
*Paul* Vom Italiener.
*Erich* Genau.
*Gunda* Und. Was ist?
*Paul* Ein Italiener ist das. Sonst nichts.

*Bruno kommt.*

So. Was ist nun?
*Bruno* Kein Italiener nicht.

*Paul* Nein?

*Bruno* Ein Griech ist es. Von Griechenland.

*Erich* So? Aber in Griechenland ist sie gar nicht gewesen, die Elisabeth.

*Erich* Das hat auch nichts zu tun mit dem, weil das ein Fremdarbeiter ist.

*Gunda* Was ist das?

*Bruno* Wie ich es sage. Ein Fremdarbeiter.

*Erich* Wieso! Gibt es denn hier nicht Arbeiter genug?

*Paul* Ein Griech von Griechenland.

*Erich* Das geht nicht, weil das keine Gerechtigkeit nicht ist.

*Gunda* Genau.

*Erich* Wir arbeiten auch, und das nicht zu wenig.

*Paul* Hat er dir sie schon ausgespannt, die Elisabeth?

*Gunda* Wo schläft er?

*Bruno* Bei mir im Zimmer.

*Erich* Bei dir? Wie das?

*Bruno* Weil da ist ein Platz gewesen.

*Paul* Und hat er geredet mit dir?

*Bruno* Der kann doch nichts reden. Aber zum Schlafen zieht er sich aus. Ganz.

*Paul* Nein!

*Bruno* Genau.

*Gunda* Vor dir?

*Bruno* Da kennt der nichts.

*Erich* Und wie schaut er aus?

*Bruno* Besser wie wir.

*Erich* Wie besser?

*Bruno* Besser gebaut ist er.

*Erich* Wo?

*Bruno* Am Schwanz.

*Pause*

*Paul* In der Krone haben sie jetzt einen Fernseher, da geh ich hin.

*Gunda* Ich geh jetzt. Servus.
*Erich* Servus. Was zeigen sie denn?
*Paul* Schlager singen sie und so.

*Gunda* Du bist von Griechenland?
*Jorgos* Griechenland.
*Gunda* Und gefällt es dir da? Ob du hier einen Gefallen hast.
*Jorgos* Nix verstehn.
*Gunda* Deutschland schön?
*Jorgos* Viel schön.
*Gunda* Nix viel Liebe?
*Jorgos* Nix verstehn Liebe.
*Gunda* Vom Herzen.
*Jorgos* Nix.
*Gunda* Nein? Nix Fräulein?
*Jorgos* Was Fräulein? Fickifick?
*Gunda* Ja.
*Jorgos* Na nix.
*Gunda* Warum? Wegen mir?
*Jorgos* Ja. Nix.

*Ingrid* Ich habe es vom Erich, und der hat es vom Bruno, glaub ich. Heut nacht hat sie sich ausgezogen, hat sich aufs Bett gelegt und nach dem Griech geschrien.
*Helga* Und dann?
*Ingrid* Dann ist der Griech rüber, und nach drei Stunden ist er wiedergekommen und hat ganz fertig ausgeschaut.
*Gunda* Ich geh gerad heim, da kommt mir der Griech entgegen. Ich grüß, weil ich eine Erziehung hab. Da hält er mich fest und schmeißt mich ins Gras und sagt immer fickifick. Bis ich eine Todesangst gehabt hab. Dann bin ich weggelaufen.
*Franz* Jetzt geht es los mit den fremden Sitten.

*Elisabeth* Von nichts kommt nichts. Sie müssen schneller werden mit der Arbeit, weil das wegen dem Verdienst ist.
*Jorgos* Arbeit nixe gut?
*Elisabeth* Arbeit gut, aber nix schnell.
*Jorgos* Verstehn. Arbeit schnelle.
*Elisabeth* Genau, was gearbeitet wird, das verdient sich.

*Paul* Und dann hat er sie vergewaltigt, auf dem Feld.
*Erich* Die Gunda? Der hat auch keinen Geschmack nicht.
*Marie* Ich glaub das nicht von dem, weil der schaut immer so gerad.
*Erich* Hast ein Feuer gefangen von dem?
*Marie* Nie tät ich ein Feuer fangen von dem, aber wie einer schaut, das hat seinen Grund.
*Paul* Ich sag es ja, auf das Feld hat er sie geschmissen und vergewaltigt, und die anderen kommen auch noch dran. Sag ich.

*Helga* Arm in Arm ist sie gegangen mit ihm durch den Ort, und gelacht haben sie.
*Gunda* Das geht nicht mehr mit denen. Zur Polizei hätt ich gehen müssen, weil das richtig gewesen wär.
*Helga* Wenn der mich anfaßt, dann ist er geliefert.
*Gunda* Totschlagen wär richtig.
*Helga* Aber die Elisabeth spricht für den, weil die hat einen guten Stand bei die Großen vom Ort.
*Gunda* Wenn ich mit dem Burger ein Verhältnis gehabt hätte, dann hätt ich auch einen guten Stand.
*Helga* So ein alter Mann. Und wie alt ist sie gewesen seinerzeit. Siebzehn.
*Gunda* Eine Scham hat die nicht. Totschlagen solche Leut, glatt totschlagen. Aber das kommt.

*Marie* Eine Liebe spür ich wie wenn sie singen in ihre Lieder.

*Jorgos* Liebe viel gut.

*Marie* Weil sie alle so reden. Von dir und der Elisabeth.

*Jorgos* Elisabeth nix.

*Marie* Ich will die einzige sein, mit der du rumziehst, weil ein Mädchen das braucht.

*Jorgos* Augen wie Sterne.

*Marie* Augen wie Sterne, schön ist das.

*Jorgos* Anfassen schön.

*Marie* Ist das mit andere auch schön gewesen?

*Jorgos* Nix verstehn.

*Marie* In Griechenland Fräulein schön?

*Jorgos* Ja schön. In Griechenland viel schön. Kommen Griechenland zusammen. Viel Sonne und Meer.

*Marie* Nimmst mich mit, ehrlich?

*Jorgos* Bestimmt. Viel Liebe.

*Marie* Ich hab dich auch lieb, ich spür es, ganz weh tut es, bestimmt.

*Elisabeth* Hast du das verbreitet, ich tät dem nachsteigen und sonst nichts?

*Bruno* Kein Wort habe ich gesagt. Ich tät nie was sagen über dich, weil ich das gar nicht könnt.

*Elisabeth* Ich merk es schon, wenn ich durch das Dorf gehe, wie sie alle scheißfreundlich grüßen und schief.

*Bruno* Ich hab nichts gesagt. Gar nichts.

*Elisabeth* Weil so haben sie noch nie geredet, mit der Bosheit.

*Bruno* Ich könnt nie reden über dich, das mußt wissen, weil da meine Liebe davor ist.

*Elisabeth* Mit der Arbeit wird es jetzt besser bei ihm. Jetzt lernt er es langsam –

*Bruno* Aber ich bin immer noch besser.

*Elisabeth* Mit die Händ.

*Paul* Jetzt hat er es mit deiner Marie.

*Erich* Die kann mich schon lange am Arsch lecken, weil immer von Heirat die Rede ist. Was werde ich so eine heiraten. Die spinnt.

*Paul* Und die Ingrid?

*Erich* Die hat einen Hang zum Höheren. Die meint, eine Heirat ist nichts für sie. Weil das nimmt ihr die Chancen für die Zukunft. Gefühle sind auch keine da. Da wird nicht geredet, da wird gevögelt. Und gut.

*Paul* Die Helga kriegt ein Kind jetzt.

*Erich* Ehrlich?

*Paul* Wie ich es sage: im dritten Monat ist sie.

*Erich* Habt ihr nicht aufgepaßt.

*Paul* Sie hat gesagt, sie kann kein Kind nicht kriegen, das hat der Doktor gesagt in München, und jetzt sitz ich drin. Mein Vater kriegt einen Schlaganfall, wenn er es erfährt. Wie sie mir es gesagt hat, da hab ich gemeint, ich bring sie um, weil sie immer so vorlaut ist die Helga.

*Franz* Da wo der herkommt, da gibt es Kommunisten.

*Ingrid* In Griechenland?

*Franz* In der Zeitung hab ich es gelesen. Viele Kommunisten.

*Ingrid* Viele?

*Franz* Genau. Ganz Griechenland ist voll mit Kommunisten.

*Gunda* Die Ingrid weiß es vom Franz, und dann hat sie es mir gesagt.

*Helga* Man weiß nie, was möglich ist alles.

*Gunda* Da kommt man in die Sachen hinein und weiß nicht, was daraus wird. Weil mit die Kommunisten ist eine Gefahr.

*Erich* Ein Kommunist ist das und gehört verboten.
*Paul* Weil das paßt zu dem, was sowieso schon ist.
*Erich* Und gehört verboten.
*Paul* Traut sich da her und ist ein so einer.
*Erich* Verboten gehört es, und da wird gearbeitet dafür.

*Franz* Von wo bist du denn in Griechenland. Welche Stadt?
*Jorgos* Pirea.
*Franz* Was ist denn das?
*Jorgos* Viel Sonne und Meer und viele kommen von andere Länder.
*Franz* Und Arbeit gibt es keine da.
*Jorgos* Arbeit ja, aber nix Geld.
*Franz* Was verdienst du denn bei der Plattnerin?
*Jorgos* Nix verstehn.
*Franz* Wieviel Geld? Hier?
*Jorgos* Zweihundertzwanzig Mark. Essen und Schlafen.
*Franz* So? Mir hat sie dreihundertzwanzig gezahlt und das Essen, das tät ich mir nicht gefallen lassen.
*Jorgos* Alles heimschicken. Frau und Kinda.
*Franz* Bist verheiratet?
*Jorgos* Frau und Kinda.
*Franz* Wieviel Kinder hast denn?
*Jorgos* Zwei.

*Helga* Du gehst mit einem, der wo verheiratet ist und Kinder hat.
*Marie* Wie du meinst.
*Gunda* Ich tät mich schämen, wo du alles weißt von dem, was das für einer ist.
*Marie* Und was ist das für einer?
*Gunda* Ein Verbrecher ist das, das wissen doch alle.
*Marie* Bei mir ist er kein Verbrecher nicht.

*Helga* Weil du ein schlechtes Mensch bist.
*Marie* Wo ich meine Liebe hintue, bleibt mir überlassen.
*Gunda* Weil er ein Schwein ist und fest zupackt.
*Marie* Weil er dir nichts wollte.
*Gunda* Nichts wollte. Auf den Boden hat er mich geschmissen.
*Marie* Vielleicht im Traum, weil du gar nicht sein Typ bist.
*Helga* Als ob der nach so was fragt, nach Typ und so. Der möcht ihn bloß drin haben.
*Marie* Weil du was besseres bist.
*Helga* Für mich bist du eine Schnalle, sonst nichts.

*Erich* Da liegt er jetzt und denkt nichts.
*Paul* Kastrieren sollt man ihn.
*Erich* Der fühlt sich auch noch wohl da.
*Paul* Das wird ihm bald vergehen.
*Erich* Das wär eine Hetz. Einfach abschneiden.
Dann könnt er schauen, wie er fickt, weil er sonst nichts im Kopf hat.
*Paul* Außer daß er stinkt wie eine Sau.
*Erich* Der Bruno hat gesagt, der wäscht sich nie –
*Paul* Weil da wo der herkommt, da wäscht man sich nicht.
*Erich* Eine Pistole sollt man haben, dann könnt man ihn hüpfen lassen.
Was meinst, wie der springt.
*Franz* Wie ein junger Hirsch.
*Paul* Aber kastrieren ist besser, weil da denkt er länger dran.
*Erich* Dann legen wir ihn in Benzin und schenken ihn der Marie zum Geburtstag.
*Paul* Das wär eine Schau.
*Franz* Was sagt die Elisabeth, daß er jetzt mit der Marie geht?
*Erich* Geweint hat sie, weil er hat ihr gut getan.

*Paul* Das denk ich mir, weil das ist ja so eine Sau und sonst nichts.

*Ingrid* Der Produzent hat gesagt, ich hab eine Stimme so gut wie die Catharina Valente, und ich soll für immer nach München kommen.

*Gunda* Du mußt eine Ausbildung haben, singen können wir alle.

*Ingrid* Weil du schon singen kannst.

*Gunda* So gut wie du auch.

*Ingrid* Eine Illusion sei dir gegönnt.

*Gunda* Weil du was besseres bist? Ein Schmarren bist du, und wenn etwas eine Illusion ist, dann ist dein Produzent eine Illusion.

*Ingrid* Ich werd singen, und du wirst es sehen im Fernsehen, und dann wird es dir recht stinken.

*Gunda* So wie du aus dem Maul stinkst, so kann es mir gar nicht stinken.

*Ingrid* Wenn ich aus dem Mund stinke, dann bist du schon verwest. In deinem biblischen Alter sollte man überhaupt nichts wie schweigen. Das sag ich.

*Helga*

*Helga* Habt ihr es schon gehört. Der Katzelmacher der verreckte hat den Erich halb totgeschlagen. Wie verrückt ist er gewesen. Plötzlich hat es den gepackt, und er hat auf den Erich losgeschlagen.

*Ingrid* Auf den Erich. Warum?

*Helga* Niemand weiß nichts. Der Paul und der Franz sind dabeigewesen, und ganz starr sind sie geworden bei so viel Wahnsinn.

*Gunda* Und geholfen haben sie ihm nicht?

*Helga* Wenn sie ganz starr gewesen sind vor dem Wahnsinn.

*Gunda* Aber so was hat passieren müssen. Immer hab ich es gesagt: der Fremdarbeiter muß weg.
*Ingrid* Genau, weil das sind schlechte Menschen wo fremde sind.

*Paul, Erich, Franz*

*Helga* Da seid ihr ja.
*Ingrid* Viel sieht man nicht von die Schläge.
*Erich* Weil ich ein Mannsbild bin und eine Deckungsarbeit leisten kann, sonst wär ich totgeschlagen.
*Paul* Genau.
*Erich* Aber das kriegt er zurück. Mit dem Schlagring und mit alle Freunde, weil dem muß das ausgetrieben werden.
*Franz* Jetzt wird eine Gang gegründet gegen den.
*Paul* Und wer nicht mitmacht, ist ein Feind und wird bekämpft wie der.
*Helga* Daß eine Ordnung wiederkehrt –.
*Gunda* Und die Plattnerin ist auch so eine.
*Erich* Genau. Die muß weg vom Ort, weil die schuld ist an allem. Jetzt werden wir schauen, was zusammengeht. was sie jetzt machen wollen gegen alle.

*Helga* Sogar in die Kirch bringt sie ihn mit. Das soll man nicht glauben.
*Gunda* Wo keine Scham ist, ist keine Scham.
*Helga* Dabei ist das bestimmt kein Christ nicht.
*Gunda* Überhaupt kein Christ nicht.

*Erich* Verrecken sollt er.
*Paul* Und sie auch.
*Erich* Bloß der Bruno tut mir leid, der steckt mit drin natürlich.
*Paul* Natürlich.

*Alle* Blut Christi tränke mich
Wasser aus der Seite Christi wasche mich
Leiden Christi stärke mich
O guter Jesus erhöre mich
Verbirg in deine Wunden mich
Laß nimmer von dir scheiden mich
Damit ich möge loben dich
Mit deinen Heiligen ewiglich. Amen

*Gunda* Dem Pfarrer sollte man das sagen. Weil wenn da keine Schamhaftigkeit nicht ist.

*Erich* Ich hab einen Schlagring gekauft in München.

*Paul* Aber geheim sollt man es machen.

*Erich* Ich scheiß mir nichts um das Geheim. Nur drauf, und am besten gleich.

*Paul* Eine Vorsicht muß sein.

*Franz* Warum muß sie ihn aber auch mitbringen in die Kirch.

*Marie* Weil sie es nicht anders kennt, der hat auch einen Glauben.

*Franz* Bloß was für einen.

*Marie* Da ist ein jeder gleich.

*Elisabeth* Hörst du, wie sie reden? Die flüstern dem Pfarrer seine Predigt kaputt.

*Bruno* Ich merk nichts.

*Alle* Nun ist das Lamm geschlachtet
das Opfer ist vollbracht
wir haben jetzt betrachtet
Gott deine Huld und Macht.

*Erich* Von nichts kommt nichts. Irgendwann muß es losgehen.

*Paul* Am besten mit Lederjacken und auf Schau. So wie sie es überall haben, nur wir nicht.
*Erich* Das ist kein Grund zum Warten.

*Gunda* Ich rede sie an nachher.
*Helga* Ich auch.
*Gunda* Da wird ihr gesagt, was sie für eine ist.

*Marie* Ich fürcht mich, weil von niemand nichts Gutes nicht kommt.
*Franz* Die Sachen sind so wie sie sind, da kannst nichts ändern.

*Alle* Das Blut zeichnet unsere Tür.
Denn er ist das rechte Osterlamm
in heißer Liebe für uns gebraten.

*Paul, Erich, Franz* Eine jede Negernutten die hat Gummitutten,
aber unser einer der hat nichts.
*Elisabeth* Möchtest vielleicht mich meinen?
*Bruno* Fang nicht an mit die.
*Elisabeth* Können die machen, was sie wollen?
*Helga* Aber du kannst machen, was du willst, weil du von den Großen das Flitscherl warst.
*Elisabeth* Weil sie von euch keine wollen.
*Gunda* Gewollt hätten die schon, aber wir haben einen Anstand. Wir sind nicht zum Haben für jeden.
*Elisabeth* Jeder ist besser wie keiner. Wenn ich so ausschauen tät wie du, tät ich mich vor mir selber schämen.
*Gunda* Weil du dir einen Fremdarbeiter hast kommen lassen, weil du so attraktiv bist.

*Elisabeth* Wen geht denn das nichts an? Und überhaupt ist das kein Fremdarbeiter, sondern ein Gastarbeiter.

*Helga* Für dein Bett ist da wohl wenig Unterschied.

*Elisabeth* Mein Bett ist meine Nase, faß du die deine an.

*Paul, Erich, Franz* Eine jede Negernutten die hat Gummitutten.

*Elisabeth* Das siehst ja selber, daß das kein Neger nicht ist, und arbeiten tut der besser wie jeder von euch.

*Erich* Reden wir mit der?

*Paul* Kein Wort reden wir mit der.

*Jorgos* Was das nix verstehn.

*Erich* Du wirst schon noch verstehen, wenn du deine Knochen nicht mehr findest.

*Jorgos* Nix verstehn.

*Gunda* Weil der eine Unordnung gebracht hat, weil wir unsere Ruhe wollen.

*Helga* Ein Frieden ist wichtig für uns.

*Elisabeth* Dann laß mir meine Ruhe, dann hast du deinen Frieden.

*Erich* Geh tu nicht frech werden, wenn ich einen Kommunisten im Haus hätt ...

*Elisabeth* Faß mich nicht an mit deine Drecksfinger.

*Erich* Sind sie dreckig meine Hände, schaut doch her?

*Paul* Überhaupt gar nicht dreckig.

*Erich* Und wenn sie dreckig sind, so dreckig wie die deinen können sie gar nicht werden.

*Helga* Weil du keine Scham kennst.

*Gunda* Weil du alles nimmst, was rumläuft.

*Paul* Und auf die Hände schaust immer nur bei die anderen.

*Elisabeth* Ich geh, weil mit euch reden nicht geht.

*Erich* Jetzt schlag ich ihn tot, den Kommunist.

*Paul* Laß sein wegen der Gefährlichkeit.

*Erich* Ich muß mir noch nicht alles gefallen lassen.

*Paul* Ein andermal treffen wir ihn allein.

*Marie* Das geht noch mal schief.

*Franz* Dann muß es so sein.
*Marie* Wenn das mit der Liebe nicht wär.

*Bruno* Weil wenn alle reden, dann hat es seinen Sinn.
*Elisabeth* Keiner versteht was. Von nix.
*Bruno* Was gewesen ist, das ist gewesen. Das ist.
*Elisabeth* Und was ist gewesen?
*Bruno* Daß du mit dem was gehabt hast. Das ist gewesen.
*Elisabeth* Nichts ist gewesen. Gewesen, gewesen! Einen Schmarrn hab ich gehabt mit dem.

*Marie* Ich hab dich so lieb, aber ich spür was.
*Jorgos* Spür was.
*Marie* Von alle, die haben was vor mit der Brutalität.
*Jorgos* Nix verstehn.
*Marie* Einmal alle machen bumbum.
*Jorgos* Nix bumbum.
*Marie* Weil du so nett bist. Nimmst mich immer noch mit nach Griechenland?
*Jorgos* Gehe zusamme Griechenland.
*Marie* Und deine Frau.
*Jorgos* Nix verstehn.
*Marie* Deine Frau. Jorgos Frau.
*Jorgos* Nix verstehn.
*Marie* Weil es mich so anpackt. Da. Alle wissen es. Aber mir macht das nichts.

*Ingrid* In fünf Wochen machen sie meine erste Platte, weil meine Stimme ist jetzt gut genug.
*Helga* Und? Was zahlen sie?
*Ingrid* Ich weiß noch nicht. Aber er ist ein sehr netter Mensch. Es müssen auch Fotos gemacht werden von mir.

*Helga* Und dann steht es in der Zeitung.

*Ingrid* Genau. In allen Zeitungen. Meine ganzen Ersparnisse sind draufgegangen dabei.

*Helga* Hast du das zahlen müssen?

*Ingrid* Für die Karriere.

*Helga* Ach ja.

*Ingrid* Bitte schön! Man ist nur einmal jung, und später gibt es keine Chancen mehr. Später nicht.

*Paul* Auf Lederjacken tät ich stehen. Wenn es Aufwand macht, ist es immer besser.

*Erich* Und was kostet die? Dreihundert Mark.

*Paul* Ich werd verrückt.

*Erich* Aber es gibt so Jacken von die Amis. Blau. Und hinten kann man was draufkleben. Chikago Rockers oder so.

*Paul* Besser wie nichts.

*Erich* Und ein jeder muß einen Schlagring haben. Mit dem in der Tasche ist es ein ganz anderes Gefühl. Der Bruno macht auch mit. Er hat es mir schon gesagt.

*Paul* Jetzt sind wir schon zehn. Mit Lederjacken ist es trotzdem besser.

*Gunda* Und heiraten. Möchtest nicht heiraten?

*Franz* Ich weiß nicht.

*Gunda* Eine Ehe, das ist schon was. Eine Regelmäßigkeit ist nicht zum Verachten.

*Franz* Man weiß nie, was kommt.

*Elisabeth* Hast gehört, was alle reden über uns?

*Jorgos* Jorgos verstehn alles reden.

*Elisabeth* Aber was sie reden, ist wichtig. Du und ich, verstehn?

*Jorgos* Verstehn.

*Elisabeth* Weil sie alle sinnlich sind mit dir. Aber du bist mit der Marie zusammen.

*Jorgos* Marie schöne Mädchen.

*Elisabeth* Und ich?

*Jorgos* Viele schön.

*Elisabeth* Und? Möchtest nichts mit mir?

*Erich* Ins Wasser hat er sie geschmissen.

*Ingrid* Warum ins Wasser?

*Erich* Wegen dem Kind. Daß es weggeht.

*Ingrid* Und?

*Erich* Nicht weggegangen ist es. Aber einen Schock hat sie gekriegt.

*Ingrid* Und der Paul?

*Erich* Um Verzeihung hat er sie gebeten. Jetzt wollen sie heiraten.

*Ingrid* Ich möchte mit so was nichts zum Tun haben.

*Erich* Und mit der Liebe?

*Ingrid* Auch nicht. Weil das alt macht.

*Marie* Umbringen hat er sie wollen.

*Gunda* Wahrscheinlich ist es nur ein Unfall gewesen.

*Marie* Die Ingrid geht jetzt in die Stadt zum Singen.

*Gunda* Weil die schon singen kann.

*Marie* Besser schon wie wir.

*Gunda* Dabei hat sie alles zahlen müssen. Den Fotograf und alles.

*Marie* Weil das so üblich ist.

*Gunda* Was wissen wir, was üblich ist?

*Erich* Bist zufrieden mit deinem Ausländer?

*Marie* Mehr schon wie mit dir.

*Erich* Weil du jetzt eine Schnalle bist und sonst nichts.
*Marie* Wenn das so ist, dann bin ich gern eine.
*Erich* Wie eine runterkommen kann mit der Moral.
*Gunda* Müßt ihr denn streiten.
*Erich* Was ist denn besser an dem wie ich?
*Marie* Das geht nur mich was an.
*Erich* Erschlagen müßt man dich mit deinem Mundwerk.
*Gunda* So darfst du mit keinem reden, weil das alle aufregt.
*Marie* Ich rede so, wie es mir gegeben ist.

*Paul* Hat dir wer was getan?
*Erich* Niemand hat mir was getan. Einen Zorn hab ich, sonst nichts.
*Franz* Wer kommt denn da?
*Paul* Ja wer kommt denn da? Ei ei.
*Bruno* Der Griech, weil es paßt.
*Erich* Die Sau die dreckige, was gehst du denn da? Meinst, da kann ein jeder gehen.
*Paul* Warum bist denn so still?
*Jorgos* Nix verstehn.
*Erich* Du verstehst mich schon, du Kommunist. Möchtest zurückschlagen? Komm nur her.
*Jorgos* Pustis malakka!
*Paul* Sauber.
*Erich* Daß du dirs merkst, du Kommunistensau.
*Jorgos* Malakka, malakka, ochi!
*Erich* Magst nicht aufhören mit dem Reden?
*Jorgos* Ochi parakalo, ochi!
*Bruno* Da und da!
*Erich* Daß du dirs merkst, von heut an wird es nicht mehr schön für dich.

*Gunda* Das hat mal sein müssen, weil der hier rumläuft wie wenn er hergehört.

*Helga* Und anschauen tut er einen wie am Markt.

*Gunda* Das wird weitergehen. Bis er nicht mehr mag. Der muß weg.

*Helga* Genau. Eine Ordnung muß wieder her.

*Ingrid* Und du warst dabei.

*Franz* Klar.

*Ingrid* Und will er jetzt gehn?

*Franz* Keine Ahnung. Ich tät gehen. Bestimmt.

*Paul* Eine Rache hat sein müssen.

*Erich* Genau.

*Helga* Ist er wieder aufgestanden?

*Erich* Weiß nicht, bin weggegangen.

*Paul* Das ist uns auch wurst.

*Erich* Genau.

*Paul* Jetzt geht er bestimmt.

*Erich* Bestimmt.

*Helga* Weil es nicht mehr schön gewesen ist.

*Erich* Da gehören wir her, und sonst nichts.

*Elisabeth* Mitmachen hättest nicht müssen. Weil das nicht nötig gewesen wär.

*Bruno* Das ist über mich gekommen wie nichts. Ich hab gar nicht gewußt wie.

*Elisabeth* Wenn du nicht helfen willst, bitteschön. Aber mitmachen …

*Bruno* Ich hab nicht mitmachen wollen. Ich weiß gar nicht, wie das gekommen ist.

*Elisabeth* Dann spinnst für mich.

*Bruno* Dann spinn ich eben.

*Jorgos* Nix verstehn warum.
*Marie* Ich hab dich lieb, ich werd dich nie verlassen.
*Jorgos* Ich nix verstehn warum bumbum.
*Marie* Jetzt ist es ja vorbei, sei doch lieb.
*Jorgos* Alle alle bumbum.
*Marie* Faß mich doch an, komm.
*Jorgos* Alle ich bumbum.
*Marie* Gib mir einen Kuß, weil das schön ist.
*Jorgos* Ich nix verstehn. Griechenland schön, Deutschland viele kalt.
*Marie* Küß mich, weil ich das will.

*Gunda* Und? Geht er jetzt weg?
*Bruno* Nein.
*Paul* Und hast der Elisabeth gesagt, daß es ihr auch nicht besser geht das nächste Mal?
*Bruno* Ja, aber sie glaubt nicht dran.
*Erich* Für mich spinnt die.
*Helga* Das kann man doch einsehen, was besser ist.
*Bruno* Sie sagt, das ist besser für das Geschäft.
*Erich* Wenn der dableibt?
*Bruno* Genau, weil das so ist.
*Gunda* Und warum?
*Bruno* Weil wir mehr produzieren, und zahlen tut sie ihm sechshundertfünfzig Mark. Schlafen tut er bei mir im Zimmer, dafür zieht sie ihm hundertfünfzig Mark ab.
*Gunda* Hundertfünfzig Mark. Gibts das?
*Bruno* Genau. Und für das Essen noch mal hundertachzig. Das sind zusammen dreihundertdreißig Mark. Da zahlt sie ihm dreihundertzwanzig Mark aus.
*Erich* Respekt.
*Bruno* Das hat ihr der Mann in München gesagt, von der Fremdarbeiterstelle. So muß man es machen, es wird mehr produziert, wenn die da sind und das Geld bleibt im Land.

*Erich* So ist das?
*Bruno* Genau. Das ist ein Trick. Und das ist für Deutschland.
*Helga* Vom Geschäft versteht sie was, die Elisabeth, immer hab ich es gesagt.
*Bruno* Und wegschicken tut sie keinen, hat sie gesagt, lieber holt sie noch einen her.
*Paul* Einen Verstand muß man haben, da dran liegt es.

*Gunda* Einen Abgang hat sie gehabt. Aber jetzt wollen sie trotzdem heiraten.
*Ingrid* Für mich ist das alles nichts. Abgang und Heirat.
*Gunda* Und wenn es mit deiner Karriere nichts wird?
*Ingrid* Vielleicht. Wegen dem Alter. Das ist nichts.

*Elisabeth* Ich hab stundenlang an ihn hinreden müssen, daß er dableibt.
*Bruno* Ich kann nichts dafür.
*Elisabeth* Wenn der erzählt in München, was gewesen ist da, dann schicken sie uns gar keinen mehr.
*Bruno* Ich kann nichts dafür. Gar nichts.
*Elisabeth* Wenn es noch mal vorkommt, dann schmeiß ich dich raus.
*Bruno* Ich kann nichts dafür.
*Elisabeth* Und melden werd ich es auch, weil das keine Art nicht ist.
*Bruno* Ich hab nichts getan.

*Erich* Und im März geh ich zur Bundeswehr. Weil das ist besser wie da arbeiten.
*Paul* Ich werd schon auch müssen.
*Erich* Da gibt es keine Frage. Ich möcht in ein U-Boot, weil das ist was anderes wie auf dem Land.

*Paul* Da mußt hin, wo sie dich hintun.
*Erich* Ist auch egal eigentlich, wo man hinkommt.

*Elisabeth* Im Januar kommt ein Kollege von dir. Ein Türke, weil der für den Bau zu alt ist oder so.
*Jorgos* Turkisch?
*Elisabeth* Ein Türke kommt hier. Arbeit wie du.
*Jorgos* Turkisch nix gut. Andere nix?
*Elisabeth* Nein, weil ich muß das nehmen, was sie mir schicken.
*Jorgos* Turkisch nix. Jorgos und Turkisch nix zusammenarbeit. Jorgos gehen andere Stadt.

*Marie* Im Sommer nimmt er mich mit nach Griechenland.
*Helga* Und seine Frau?
*Marie* Das macht nichts. In Griechenland ist alles anders wie da.
*Helga* Ich weiß nicht. Einfach wegfahren. Und so weit.

# *Preparadise sorry now*

Das Stück gliedert sich in vier Materialgruppen:

15 contres: Szenen um das faschistoide Grundverhalten im Alltag, in denen jeweils zwei Personen gemeinsam gegen eine dritte agieren
6 Erzählungen über das Mörderpaar Ian Brady und Myra Hinley
9 pas de deux: fiktive Dialoge zwischen dem Mörderpaar
9 liturgiques: Texterinnerungen an liturgische und kultische Kannibalismen

Das Stück kann man sich zusammensetzen, wie man es für richtig hält, doch sollten die Zusammenhänge der verschiedenen Komplexe noch verfolgbar bleiben. Auch sollte man in jedem Fall die Dialoge Ian/Myra in den Mittelpunkt der Dramaturgie stellen. Die hier gedruckte Fassung folgt der Stuttgarter Aufführung (Regie: Peer Raben). Das Schema der Münchner Uraufführung ist im Anhang angegeben.
Günstigste Besetzung: 30 Schauspieler
Mindestbesetzung: 5 Schauspieler

Zu dieser Zeit geschah die Geschichte mit der Katze. Ian hatte Nazi-Souveniers zu sammeln begonnen und trieb sich oft in einem zerfallenen Haus neben dem zerbombten Friedhof im Stadtzentrum herum. Dort, in dem Haus, das außen noch hell war, begegnete er eines Tages der Katze. Nie hatte er bis dahin etwas für oder gegen Katzen gehabt, und jetzt hatte er etwas gegen sie. Er fing das Tier, stopfte es in MaSloans Einkaufsbeutel, wartete die Dunkelheit ab und sperrte dann das jaulende Tier in ein leeres Grab, dessen Deckplatte er schon früher gelockert hatte. Anderntags fragte er seinen Schulfreund Angus Morristown auf dem Criquet-Platz: »Wetten, daß du nicht weißt, wie lange eine Katze noch leben kann, wenn man sie begraben hat?« Und dann erzählte er die Geschichte. Angus glaubte Ian nicht und ging mit einem Freund zum Friedhof, öffnete das Grab, und die Katze sprang heraus. Ian hatte seinen Freunden bewiesen, daß er tough war, und er bewies es ihnen noch einmal bei der Sache mit dem Hosenrunterlassen. Ein paar Jungs hatten sich in der Schule den scheuen Wullie gegriffen, ihm die Hosen ausgezogen und seine magere Männlichkeit belacht, Ladyfinger riefen alle. Ian stand dabei und rauchte, bis sie auch ihm an die Hose wollten.

*K.* Sie ham schon wieder Besuch ghabt heut nacht.

*I.* Des is mei Sach.

*K.* Des ist nicht die Ihre Sach. Weil nämlich da ein Paragraph dranhängt.

*H.* Wenn jetzt das noch amal vorkommt, dann müssen wir von einer Kündigung Gebrauch machen.

*K.* Ja, es muß sein, weil nämlich wir nicht gerne strafbar sind. Das muß in Ihren Kopf schon hineingehn.

*I.* Wer zahlt denn Ihnen schon hundertfünfzig Mark für ein Zimmer, ein solches, wenn nicht die Möglichkeit der separaten Benutzung gewährleistet ist.

*H.* Jetzt redens net so frech. In Ihrer Firma hab ich angerufen, ob daß Sie da noch arbeiten da, und was glauben Sie, hat man mir gesagt?

*I.* Was nacha?

*H.* Eben daß Sie schon seit drei Wochen nicht mehr arbeiten da.

*K.* Ja, und von was leben jetzt Sie? Möchtens uns das jetzt nicht verraten?

*I.* Frag ich Sie, ob Sie gut scheißen können am Klo?

*H.* Das ist die Höhe! Am Ersten sind Sie gekündigt, daß as genau wissen.

*K.* Nicht mehr sehn wolln wir Sie von dem Termin an.

*I.* Gut, aber hoffentlich können Sie mir meine Kaution zurückzahlen.

*H.* Redens nicht so einen Schmarrn daher. Wir leben in einer Sicherheit, von der können Sie bloß träumen. – Wenns nicht überhaupts zu verdorben sind dazu.

*K.* Was aus der wird, möcht ich net wissen.

*I + L – M*

*I.* Warum hast du das rumerzählt über uns?
*L.* Ist das richtig. Wenn jetzt alle über uns reden?
*M.* Wie man halt so redet.
*L.* Nein, nicht wie man halt einfach so redet. – Ich mach dich verantwortlich für das. Ich könnte dich ja auch zusammenschlagen für das.
*I.* Was mir am liebsten wäre. Einfach reinschlagen.
*L.* Gute Lust hätte ich dazu.
*I.* Tus doch, bitte.
*L.* Vielleicht. Und dir? Fällt dir nichts Besseres ein?
*M.* Meinst du was Bestimmtes?
*L.* Ich schon. Das kannst du mir glauben.
*M.* Ich verstehe kein Wort von dem, was du sagst.
*L.* Dann überleg mal. Denk einfach mal nach. Keine Idee? Nix? Und jetzt?
*M.* Jetzt sag halt, was du meinst.
*L.* Ich denk an eine kleine Abfindung. Kies. Money.
*I.* Genial. Du bist genial.
*M.* Ich hab kein Geld. Eben nicht viel.
*L.* Aber das, was du hast, das gibst du uns doch freiwillig? Für den angerichteten persönlichen Schaden.
*I.* Los, Kleiner, machn Geldbeutel auf.
*M.* OK. Zwanzig Mark.
*L.* Zwanzig Mark?
*M.* Klar. Oder was?
*I.* Jetzt mußt du nachhelfen.

*L + M − K*

*M.* Du bist mein Freund. Ich war schon in Indien, Nepal, fast bis China.

*L.* Und Norwegen, Finnland? Der Norden ist Klasse. In Finnland die Weiber.

*M.* Der Süden also ist mir angemessen.

*L.* Schau mal. Der da! Ein Bauch und Nelke im Knopfloch.

*M.* Und Schuhe für zweihundert Meter, sonst Auto und Lift.

*K.* Ich esse, was mir Freude macht. Weil ich arbeite. Telefonate, die Hunger machen. Und Appetit von der frischen Luft zwischendurch.

*M.* Schau deine Backen an. Der Sohn eines Hamsters.

*K.* Wie gesagt. Ich arbeite für meine Backen.

*M.* Ein Hamster hätt seine Freude an dir, Vatter.

*K.* Weil ich allein bin und ohne Stammtisch. Dann sähe die Sache anders aus. Ganz.

*L.* Dieser Tritt vors Schienbein macht mir Freude.

*M.* Und mir dieser Schlag auf den Kopf.

*L.* Der Treffer am Kinn.

*M.* Der linke Haken gegen die Milz.

*L.* Anatomien zerstören.

*M.* Anatomien mit Bäuchen.

*K.* Ich lade euch ein zu nem Bier.

*M.* Das klingt schon besser. Eigentlich sehr gut.

*L.* Los. Laß jappen. Ein Bier hoch zehn.

*Ian* Ich komme heute auf Ihre Party.

*Myra* Ja.

*Ian* Ich werde mitbringen Wein.

*Myra* Das ist nicht nötig, wir ...

*Ian* Deutschen Wein.

*Myra* Natürlich. Ich werde Mutter und Vater berichten von Ihnen. Ich tat noch nicht sprechen von Ihnen.

*Ian* Ich bins zufrieden. Ich werde kommen acht Uhr. Unbedingt pünktlich. Man kann sich verlassen auf mich.

*Myra* Ich bin sicher auf das.

*Ian* Sie können das. Ohne über mich selbst sprechen zu wollen.

*Myra* Ich glaube, ich darf das schätzen an Ihnen.

*Ian* Sie scheinen so klug zu sein, wie man es Ihnen ansieht.

*Myra* Ich danke Ihnen. Ich fische nicht für Komplimente.

*Ian* Trotzdem möchte ich bemerken, daß die Farbe Ihrer Haare meinen Beifall zu finden wußte.

*Myra* Ich glaubte, Ihren Geschmack zu erkennen.

*Ian* Ihr Urteil ist wertvoll.

*Myra* Es wird auch zu essen geben.

*Ian* Ich esse wenig. Treibe Sport. Mache Waldläufe. Wesentlich scheint zu sein außer Konzentration Kondition.

*Myra* Ich werde mich anschließen wollen.

*Ian* Es wird Ihren Muskeln zu Nutzen sein.

*Myra* Das ich werde nicht vergessen.

*Ian* Es wird kommen die Zeit der Starken. Wer hört auf mich, wird auf der Höhe der Zeit sein.

*Myra* Ich werde hören auf Sie.

*Ian* Man sollte nie die Zeit des Leidens vergessen.

*C.* Verachte die Welt, daß du nicht mit ihr zugrunde gehest.

*Alle* Die Himmel verkünden die Herrlichkeit Gottes und das Firmament die Werke deiner Hände.

*C.* Verachte die Welt, daß ...

*Alle* Du bedeckst den Himmel mit Wolken und bezeichnest den Winden ihre Bahn.

*C.* Verachte die Welt, daß ...

*Alle* Du gibst Gedeih dem Acker und erfreust uns mit Speise und Trank.

*C.* Verachte die Welt, daß ...

*Ian* Ich habe dir die Fotografien gezeigt. Was haben sie bewirkt in dir?

*Myra* Sie erregten mich. Ich habe sie mit der Bereitschaft auf Wollust betrachtet. Sie sind stark, mein Führer.

*Ian* Bist du in der Lage, dir eine Zeit vorzustellen, in welcher nicht genügt, was zwischen uns sich abspielt?

*Myra* Wenn Sie es wünschen.

*Ian* Ich empfinde sie drückend, die Freundlichkeit, die wir an den Tag legen müssen, außerhalb dieser Räume. Ich bin ungern höflich zu allen und auch wieder doch.

*Myra* Ich bin offen, Ähnliches zu empfinden.

*Ian* Du bist von größerer Gradheit als die meisten, Hessie. Ich bin glücklich, dich wert zu wissen, die Stellvertretung zu sein für mich. In deinen Augen liegt die Würde des Stolzes.

*Myra* Ich bin glücklich, die Erwartungen, die in mich gesetzten, erfüllen zu können.

*Ian* Deutsch zu wirken ist das deine.

*Myra* Sie machen mich wert, mein Führer.

*Ian* Hol Wein, Hessie. Ich wünsche Liebfrauenmilch.

*Myra* Mein Geld ist zu Ende. Wollen Sie mir bitte aushelfen.

*Ian* Bist du wahnsinnig? Hast alles ausgegeben! Bist unbedacht. Ich werde dich strafen müssen.

*Myra* Ich danke Ihnen, mein Führer. Die Nachsicht ist groß.

*Ian* Du wirst die Gnade haben.

*Myra* Dank Ihnen.

*Ian* Die Gnade ist mein.

*L + M − H*

*L.* Geile Fotze das.
*M.* Geile Sau.
*L.* Die legen wir jetzt hin.
*M.* Das muß sein jetzt.
*H.* Nein bitte nicht.
*L.* Dageblieben. Hast du keine Lust auf uns?
*H.* Wenn Sie mich nicht loslassen, dann schreie ich. *Schrei.*
*M.* Schrei nur, Fotze. Hier hört dich keiner.
*H.* Bitte, bitte. Laßt mich.
*L.* Weißt du, das macht uns scharf, wenn du schreist. Schrei nur.
*H.* Hilfe! Hilfe!
*M.* Hihi. Halt ihr mal die Arme fest.
*L.* Klar.
*H.* Mutti! Mutti!
*M.* Hier kannst du leicht nach deiner Mutter schrein.
*L.* Die sollte am besten auch noch da sein. Für jeden eine.
*M.* He, kratz mich nicht, Schlampe. Bist doch scharf auf uns. Stell dich nicht so an. Aua. Bist du wahnsinnig geworden?
*L.* Ja. Sie ist wahnsinnig geworden.
*H.* Nicht küssen. Bitte nicht küssen.
*L.* Warum nicht? Gefällt dir mein Mund nicht? Ich hab mir die Zähne geputzt heute morgen. Wie sichs gehört.
*M.* Jetzt halt ihr wirklich mal die Arme fest. Hast du noch dein Häutchen, Schwester? Da stech ich jetzt hinein wie mit nem Messer.
*L.* Aber es tut gut, Süße. Glaub mir, es tut gut.

*K.* Eine Red muß ich führn mit Ihnen. Ernsthaft. Wega da Zukunft.

*H.* Daßt net gar z'streng bist mit eahm. A bißl dumm issa.

*L.* Wieso sagst jetzt du, daß ich dumm bin.

*H.* Geh, a bisserl halt. Im Kopf. Sonst is der gut.

*K.* Dadran liegt kein Interesse für mich. Das Interesse meinerseits liegt im Geld. Im »Portefeuille«. Da drin. Sonst in nix.

*L.* Wie meint jetzt er das?

*H.* Wast halt verdienst in da Woch. Und obst was aufm Konto hast. Solchane Sachen.

*L.* Hundachzg in da Woch. Brutto. Neunhundertzwanzig aufm Konto. Bayrische Hypo- und Wechselbank. 4704 Zweigstelle Hohenzollernplatz.

*K.* Und mit dem wolln Sie des Madl ernährn? Daß Ihnen nicht schämen.

*L.* S'werd ja oiwei mehra.

*K.* Ein Furz is das. Aber kein Geld nicht. Hochrot müassat Ihr Kopf wern bei einer solchen Red.

*H.* Allerdings, des is nicht viel.

*K.* Daß du da so an ernsten Ton draus machst, aus dem.

*L.* Wirklich, s'werd ja oiwei mehra.

*K.* In dene Kategorien kann ich ein Mehr oder ein Weniger nicht unterscheiden.

*H.* Aber ein Spaß, körperlich, ist schon einer da.

*K.* Den nimmst dir, und alles anderne läßt der Vergessenheit anheimfallen.

*L.* Das ist aber schon ein sehr schönes Mädchen.
*I.* Die da?
*L.* Ja. Ja. Kennst du die?
*I.* Sicher. Komm mal her da.
*H.* Wollt ihr was von mir?
*L.* Was verlangst du?
*H.* Was bin ich dir wert?
*L.* Na ja. Ich weiß nicht.
*H.* Also das mußt du schon wissen.
*L.* Fünfzig?
*H.* Gut.
*I.* Aber du hast doch mich ausgesucht.
*L.* Ja, vorher.
*I.* Ich find das nicht richtig.
*L.* Das Geld kriegst du trotzdem. OK?
*I.* Na schön.
*L.* Gott, bist du schön.
*H.* Ja?
*L.* Klar, das weißt du doch.
*H.* Schon.
*L.* Mich hats richtig gepackt. Bist du öfter da?
*H.* Ich arbeite hier.
*L.* Ich hab dich aber noch nie gesehn.
*H.* Ja. Ich find immer schnell einen.
*L.* Das glaub ich. Wolln wir jetzt gehn?
*H.* Klar. Je schneller je besser.
*L.* Gut. Wiederschaun.
*H.* Servus. Machs gut.
*I.* Ja, das Glück ist nicht immer lustig.

Doch Ian sagte nur ganz ruhig: »OK. OK.« Wir waren platt. Er klemmte sich die Zigarette zwischen die Lippen, damit er beide Hände freibekam. Also, sagte er, was darf ich Ihnen zeigen? OK Gentleman, sagte er, und dann, als hole er etwas besonders Wertvolles aus einer Tüte – nahm er ihn heraus, Zigarette im Mundwinkel, Gesicht im Rauch. Und für einen heranwachsenden Burschen war es ein ganz schön strammes Ding, und dabei noch nicht einmal richtig munter. Nun, wir mußten ihm bescheinigen, Ian ist ein heißer Favorit. Und dann ging Ian Brady von der Schule ab, arbeitete als Laufjunge, dann bei einem Fleischhauer. Er las Krimis und brach an langen Winterabenden gelegentlich in Häuser ein. Ian war fast 17 Jahre alt, als die Polizei ihn wiederum schnappte. Doch er sollte ein drittes Mal Bewährung bekommen. Bedingung: seine leibliche Mutter, Maggy Stewart, mußte ihn zu sich nehmen. Und so zog Ian aus den Slums von Glasgow in die noch schlimmeren von Manchester. Mit nahm er nur ein paar Zeitungsausschnitte über Hitler und eine zerlesene Paperback-Ausgabe von *Der dritte Mann.*

*H.* Der Junge hat ganz offensichtlich versucht, mich unsittlich zu berühren. Ich bin sonst nicht so. Sie wissen das, ich habe ein ausgesprochen freies Verhältnis den jungen Leuten gegenüber. Aber wenn etwas zu weit geht.

*K.* Wie ist es vor sich gegangen?

*H.* Wir hatten Duschstunde. Sie wissen, daß nach der neuen Einteilung die Kleinen gemeinsam mit den Sechzehn- bis Achtzehnjährigen duschen müssen. So leid es mir tut, aber die Jugend wäscht sich unbeaufsichtigt weitaus nicht so gründlich wie unter Aufsicht. Und dabei, wie schrecklich ...

*K.* Hören Sie auf zu weinen, meine Liebe. Was hast du ihr getan, daß sie so emotionell reagiert?

*H.* Es muß bestraft werden, das Kind. Sie werden eine Strafe aussprechen. Der Vorfall muß den Eltern des Jungen gemeldet werden. Wer weiß, ob da nicht ein potentieller Sittlichkeitsverbrecher heranwächst.

*K.* Das stimmt. Man kann in diesen Dingen nicht vorsichtig genug sein. Jetzt sprich selber zur Läuterung! Was du ihr angetan hast.

*H.* Er ist verstockt, der Junge. Unwahrscheinlich. Aber ich möchte es ausdrücklich auch mit seinen schulischen Leistungen in Verbindung bringen. Die haben nachgelassen.

*K.* Wie interessant. Auch deine schulischen Leistungen lassen also zu wünschen übrig. Da nimmt die kindliche Geilheit nicht wunder.

*H.* Er hat mich an die Brust gegriffen, unter den Pullover.

*K.* Etwas Ähnliches dachte ich bereits. Dieser Vorfall muß den Eltern weitergeleitet werden. Man möchte gerne wissen, was man heranzieht.

*H.* Und wofür man bezahlt. Sich einschränkt.

*K.* Das möchte man wissen. Und deine Eltern werden sich sicher interessieren für diesen Vorfall.

*K + L – M*

*K.* Wer hat die Unterhose vollgeschissen und ins Klo geschmissen? Einer, der immer meckert! Ists gewesen. Das steht fest.

*L.* Das Klo ist verstopft. Onaniert hat er auch diese Nacht. Die Flecken im Bett. Ich hab sie gesehn.

*K.* Einer, der immer meckert. Und Klowände anschmiert mit verschiedenen Sprüchen. Narrenhände beschmieren Tisch und Wände.

*M.* Hand in Hand. Hand in it. It in Hand. It in it. Thats it.

*K. contra publico* Hastn gewichst heut nacht?

*L.* Die sind mir gleich. Aber der nicht. Von dem weiß ich Genaues.

*K.* Sprüche wie diese zersetzen die Moral der Mannschaft. Das Taschenmesser? Hastn Taschenmesser?

*L.* Ja.

*K.* Auf den Boden. Aufgeschnappt. Stechbereit.

*L.* Es liegt. Geöffnet dem Sinn.

*K.* Gefreiter Markus!

*M.* Zur Stelle!

*K.* Sie kennen das Spiel! Liegestütz über geöffneter Waffe.

*M.* Zu Befehl, Herr Hauptmann.

*K.* Unsereins braucht einen Spaß, den er sich holt, wie er ihn braucht. Unsereins wird, was er ist, zum Zweck der Verwirklichung.

*L.* Sieben. Acht. Neun. Zehn.

*H., I. zu den Liegestützen* I Wanna be loved by you.

*K.* Sie waren doch befreundet mit ihm.
*H.* Das wissen Sie doch schon.
*L.* Und wann haben Sie ihn zuletzt gesehn?
*H.* Letzte Woche, Mittwoch oder Donnerstag.
*L.* Und wo haben Sie ihn getroffen?
*H.* In einem Café, Capri glaub ich.
*K.* Diese Pistole! Die gehört doch Ihnen?
*H.* Ja.
*K.* Mit dieser Pistole ist er erschossen worden.
*H.* Ich hab nichts getan. Ich wars nicht. Lassen Sie mich.
*L.* Wann haben Sie die Pistole zum letzten Mal bewußt gesehn?
*H.* Vor einem Monat. Oder zwei.
*K.* Ist Ihnen nicht aufgefallen, daß sie weg ist?
*H.* Möglich.
*L.* Und warum haben Sie den Verlust nicht gemeldet?
*H.* Es schien mir nicht wichtig genug.
*K.* Warum haben Sie ihn ermordet?
*H.* Ich bins nicht gewesen. Warum hätte ich ihn ermorden sollen? Ich bins nicht gewesen.
*L.* Nehmen wir mal an aus Eifersucht.
*H.* Ich wäre nie eifersüchtig gewesen auf ihn.
*L.* Reden Sie. Man hat Ihnen eine Frage gestellt.
*K.* Los! Warum haben Sie den Verlust der Waffe nicht gemeldet?
*L.* Warum haben Sie ihn erschossen?
*K.* Wo sind Sie gewesen, heute nacht zwischen zwei und drei?
*L.* Hatte er Ihnen nicht die Ehe versprochen?
*K.* Los, reden Sie, wir sind keine Kinder.

*Auf Band weinende Myra.*

*Ian* Du weiß, warum ich dich schlagen mußte.

*Myra* Sie wissen immer, was Sie tun. Und auch ich habe eine Ahnung auf das.

*Ian* Du wirst Fehler nie ein zweites Mal machen, Hessie. Du wirst nicht zurückweisen irgendwelchen Befehl.

*Myra* Ich bin zu lernen da.

*Ian* Ich kaufte ein Buch. Zu lesen darin, hat mich weitergebracht. Ich möchte, daß du, Hessie, mir vorliest eine Passage daraus.

*Myra* Ich werde mich bemühen.

*Ian* Hier, auf dieser Seite, laß uns beginnen.

*Myra* Justine hatte den großen glatzköpfigen Pater im After. Er bereitete ihr ungeheure Schmerzen, aber zu schreien hätte die Todesstrafe nach sich gezogen. Der Pater stieß zu, mit ungewöhnlicher Kraft, so daß sich Justine ungewollt ein Wimmern entrang. Pater Jacques rief: »Kommt, meine Brüder, züchtigt das ungebärdige Ding, bringt die neunschwänzige Katze.« Die anderen Patres kamen und brachten allerlei Folterwerkzeuge mit sich. Justine konnte sich nur mit allerletzter Kraft bei Bewußtsein halten. Pater Jacques zog sein Riesending aus ihrem After, ihr Körper begann sich zu beruhigen, als der erste Schlag sie traf, und zwar genau zwischen die Beine. Pater Jacques sagte: »Was ich brauche ist eine Frau, kalt und grausam wie ich, die ausführt, ohne zu fragen, was ich befehle.«

*A.* Was mein Gott will das gscheh allzeit
Sein Wille ist der beste.
*B.* Wasche was beflecket ist
Heile was verwundet ist
Tränke was da dürre geht.
*C.* Dein Wille geschehe im Himmel und auf Erden.
*B.* Beuge was verhärtet ist
Wärme was erkaltet ist
Lenke was da irregeht.
*A.* Was mein Gott will das gscheh allzeit
Sein Wille ist der beste.

*Ian* Du hast dich verhalten, wie ich glaubte, dich zu kennen. Du hast gelernt.

*Myra* Ich hätte beinahe zu zweifeln begonnen, als jener Polizist, du erinnerst, mich ansprach.

*Ian* Gut, du hast dich meiner würdig gezeigt, Hessie. Wir werden fortsetzen unsere Experimente.

*Myra* Ich warte darauf. Wie mir befohlen, so werde ich handeln.

*Ian* Nun, du hast dich bewährt. So können auch Anregungen von deiner Seite in Anspruch genommen werden. Ich erlaube sie ausdrücklich. Ich bin sicher, es muß eine, wenn auch kleine, Elite geben. Die Führungsspitze. Du, Myra, gehörst dazu.

*Myra* Nichts, mein Führer, könnte mich zufriedener machen.

*Ian* Der Junge hätte länger am Leben gehalten werden müssen. Bei Fortsetzung der Versuche wird ein längerer Essensentzug erforderlich sein. Von Bedeutung ist der Entzug der Energien für minderes Leben.

*Myra* Die Fenster und Türen müssen abgedichtet werden, nach außen dringende Geräusche sind zu vermeiden.

*Ian* Gut, Hessie. Besorge uns Wein. Wir werden dann das weitere durchdenken. Ist es?

*Myra* Ich werde immer für gegeben halten, was Sie mir sagen.

*Ian* Sich zu unterwerfen, ist das Beste für die meisten Menschen. Es bewußt zu tun bedeutet das Glück für den Menschen. Nichts anderes im Leben kann Glück bedeuten.

*H + I – K*

*H.* Wieviel hast jetzt du schon heut?
*I.* An Fuchzger.
*H.* Des geht. Was will jetzt der da? Spinnst du?
*K.* Wieso? Ich hab auch meine Rechte.
*H.* Des hier, des is kein Platz für Schwule nicht.
*I.* Willst jetzt du uns as Geschäft vermasseln?
*K.* Redets mich net an, des steht euch besser.
*H.* Das Abnormale ist schon schädlich für unsere Bransch.
*K.* Geh, einen Aufschwung wirds gem. Wenn die mein Arsch sehn.
*H.* Ein Arsch ist zum Anfassen, sonst nix.
*K.* Der meine nicht.
*L.* Also jetzt verschwindst du. Weil ich sonst den meinen hol.
*K.* Is der geil, der deine? Toll?
*I.* Des geht dich einen Scheißdreck an. Der meine is nix.
*K.* Geh, ich will ja bloß wissen, ob er einen hat, einen tollen. Ich träum immer von einem tollen. Jede Nacht.
*H.* Der is schon ganz schön pervers.
*I.* Hast jetzt du schon amal was mit einer gehabt?
*K.* A geh, bin i lesbisch? Aba so schau i doch wirklich net aus. I net.
*I.* Das sind schon schlimme Säu, die Schwuln.
*H.* Warme Brüder halt.
*I.* Aber so warm schon.
*H.* Und abhaun wirst jetzt trotzdem müssen.

## *K + M − L*

*K.* Wie war das in Little Rock? Die Autorennen, haben die was gebracht?

*L.* Na ja, 's geht. Leben konnte man davon.

*M.* Und der Überfall!!!

*L.* Welcher Überfall? Was meinen Sie?

*K.* Wir wollen nur wissen, wer der Chef war. Der Chef. Sie haben verstanden. Also? Los!

*L.* Au! Ich … au, ach … ich kenne den Namen nicht. Es waren zwei.

*M.* Laß ihn los.

*L.* Eine Frau war dabei.

*M.* Das war Myra?

*K.* Sehen Sie. Es geht.

*M.* Wo sind die jetzt, die zwei?

*L.* Die haben mich betrogen. Wie alle.

*K.* Streng deinen Kopf an. Los.

*M.* Wie schmeckt die Zigarette so rum?

*K.* Sags uns. Liebling. Wir sind dann auch ganz brav.

*M.* Störrisch, der Kleine.

*K.* Sei nett.

*L.* Sie hat ne Kneipe in Dallas. Hört auf jetzt!

*M.* Liebste Myra. Hat ne Kneipe in Dallas. Sieh da.

*L.* Ich habe nichts bekommen. Gar nichts.

*M.* Los jetzt.

*K.* OK.

*L.* Was habt ihr vor? Nein, nein. *Schuh.* Da. Das wäre nicht nötig gewesen. Ich hätte niemanden …

*M.* Arme Ratte. Ganz kleine Ratte.

*H.* Ich bin PHWG. Du bist selber schuld, wenn dir der Speichel über die Backen läuft.

*I.* PHWG = Person mit häufig wechselndem Geschlechtsverkehr.

*H.* Fuckyourself, sagen die Amis. Und ich sags zu dir.

*I.* Weiß Gott, es gibt schönere Männer.

*H.* Und besser im Bett.

*I.* Hat der überhaupt einen?

*H.* Minimal. Bei meinen Erfahrungen.

*I.* Und Haare auf der Brust?

*H.* Minimal. Sein Hintern ist süß. Er sollte sich auf den Bauch legen für meine Sonstigen. Der ist süß. Aber sonst.

*M.* Warum verleugnest du mich? Die Englein im Himmel haben gesungen für dich, hast du gesagt. Und gestöhnt hast du auch. Und geschwitzt wie ein Schwein. Hast du.

*H.* Ich weiß, was sie mögen, die kleinen Minderbemittelten. Fühln sich wie Tarzan.

*I. Lachen.*

*H.* Prinzipiell ist ein Gastschwanz mir lieber als jeder einheimische. Nur leider, manche sind schnell wie der Wind.

*I.* Hattest du den mit dem Adler auf beiden Brüsten?

*H.* O ja! Der stößt wie der Teufel.

*M. Stöhnen – Jammern.*

*H.* Da magst du jammern ohne Netz und doppelten Boden. Die Entscheidungen aber, die sind getroffen.

*M.* Ich gebe dir Bedenkzeit. Drei Tage.

*H. Glockenhelles Lachen.*

Er arbeitete zunächst als Packer und Markthelfer. Dann wurde er arbeitslos, ging stempeln und wieder stehlen. Zwei Jahre Jugendgefängnis, einer mehr in der Schlange der Borstelboys. Wieder draußen, ging es aufwärts. Er begann, Buchhaltung zu lernen, und fing eines Tages bei der mittelständischen Millwarts Limited, Seifen und Öle, an. Fast sieben Jahre blieb er dort, brachte es bis zum Chef der Auftragsabteilung, war immer gleich verschlossen, abweisend und ruhig bis auf gelegentliche Anfälle von Jähzorn. Niemand kannte ihn näher, niemand fiel er auf – bis eines Tages eine neue Stenotypistin eingestellt wurde: Myra Hinley. Das Mädchen, hochgewachsen und hochmütig, hatte einen invaliden Vater, und ihre Mutter war Maschinistin. Sie ging zur Schule, ihr Intelligenzquotient lag mit einhundertneun leicht über dem Durchschnitt. Als die anderen Gören des Viertels schon Freunde hatten, lief Myra noch mit dem kleinen Michael Higgins von der Nachbarstraße herum, verwöhnte ihn wie eine Puppe und verteidigte ihn gegen die größeren Jungs. Dann, an einem Sommernachmittag, ging die Puppe kaputt. Michael Higgins ertrank beim Schwimmen, Myra Hinley im Schmerz.

*M.* Machts dir Spaß? Aufm Strich?
*I.* Es geht.
*K.* Sind alles Säue die Nutten. Mannstolle Säue.
*I.* Brauchst dich ja nicht einlassen mit einer.
*K.* Das kann mir schon nicht passieren.
*M.* Was verlangst du?
*I.* Dreißig die Nummer im Auto. Fünfzig im Hotel.
*M.* Und? Bist du gut?
*I.* Vorne, hinten. Mund. Was das Herz begehrt.
*K.* Drecksau.
*I.* Leck mich am Arsch.
*M.* Ein bißchen Recht hat er schon. Wers treiben kann mit jedem.
*I.* Jeder Schwanz, groß klein gewaschen ungewaschen.
*M.* Sind nicht die Krankheiten verbreitet bei euch?
*I.* Im Gegenteil. Wir haben regelmäßig Untersuchungen. Wir schon.
*K.* Und meinst du, du bist fünfzig Mark wert?
*I.* Die Geschmäcker sind verschieden.
*K.* Ich tät keine zwei Mark dranhängen. Ich nicht.
*I.* Bei deiner Frau aber schon. Die ist besser. Nicht?
*K.* Laß meine Frau aus deinem Mund heraus.
*M.* Seine Frau, die ist wirklich anständig. Da gibts nichts.
*I.* Anständig bin ich auch. Auf meine Art. Und ehrlich.
*K.* Wo bist du denn ehrlich? Mit diesem Gesicht. Und den Augen.
*I.* Mir liegt der Anstand im Herzen.
*K.* Daß ich nicht lach.

*H.* Sehnsucht, schwelgend und schwärmerisch. In der Seele ein Schauern. *Epileptischer Anfall. Durchgehend.*

*K.* Der Krankenwagen ist schon bestellt.

*H.* Graue Schatten vor den Lidern. Zitronen und Hyazinthen.

*I.* Hör jetzt auf mit dem Blödsinn.

*K.* Laß sie. Ich sehe schon ihre Arme in dieser Jacke. Und da befällt mich ein Schauern. Aber vor Lust.

*I.* Aber du!

*K.* Gell. Da weißt du, wen du hast in mir.

*H.* Und abwärts die Sonne. Ein schwarzer Schleier hat sie gedämpft.

*K.* Der Spaß. So scharf war ich noch nie auf dich. Du sollst meine Zunge spüren. Und meinen Schwanz. Das sag ich dir.

*I.* Wahnsinn? Du bist gut. Gut bist du. Ach du.

*H.* Die Luft. Hilfe! Hilfe! Von oben. Engel, Schwärme von Engeln. My-ri-a-den.

*K.* Geil! Ah! Die Zwangsjacke! Kommt.

*I.* Der Schmerz. Dieser Schmerz. Du bist gut.

*K.* Wie sie würgt. Ich schlage mir auf die Schenkel.

*H.* Gott nähe ... zu ... Ach ... ah.

*K.* Sie stirbt. Wahnsinn.

*I.* Küß mich. Du! Großer. Du ganz großer.

*H.* Das All! Far ...ben.

*K.* *Großes Lachen.*

*I.* Der Tod.

*I + L – H*

*I.* Mit Ihnen wurde der Kältetest gemacht?

*H. Nicken.*

*L.* Ausgesprochen gut ausgefallen bei diesem Exemplar. Ich möchte fast sagen, es sieht jetzt gesünder aus als zuvor.

*I.* Sehr interessant. Können Sie mir spezifische Eindrücke des Erwachens mitteilen?

*H. Kopfschütteln.*

*L.* Leider wurden diesem Exemplar die Stimmbänder entfernt.

*I.* So. Aus welchem Grund?

*L.* Ja, als man es auswählte für den Test, war es ausgesprochen verschüchtert, schrie sehr laut und störte dadurch die Konzentration des Teams.

*I.* Sehr interessant. Angst und Schreie, fast menschliche Reaktionen.

*L.* Stimmt. Aber man erlebt die seltsamsten Dinge bei diesen Exemplaren.

*I.* Mein liebes Kind, verspüren Sie gewöhnlich zu bestimmten Zeiten Hunger?

*H. Achselzucken.*

*L.* Man könnte fast die Uhr danach stellen. Ein ausgesprochen pünktlicher Drang, Nahrung einzunehmen.

*I.* Ja. Und wie steht es mit dem Stuhlgang?

*L.* Also im besonderen dieses Exemplar hat auch einen ausgesprochen regelmäßigen Stuhlgang. Ja. Im großen und ganzen ein leicht zu wartendes Ding. Man kann nicht mit allen gleichermaßen zufrieden sein.

*I.* Noch diese Frage. Hat sich durch die Einwirkung der Wärme eine eventuelle Schwangerschaft bemerkbar gemacht?

*L.* Zu unserem Bedauern leider nein. Das Exemplar scheint aus verschiedenen Gründen unfruchtbar zu sein.

*Ian* Das hier ist das Bild, kurz vor seinem Tod aufgenommen.

*Myra* Der Ausdruck richtig tierisch schon. Dieser Mensch wäre erwachsen ein Nichts gewesen.

*Ian* Keine Frage. Und hier ist er tot.

*Myra* Friedlich das Gesicht.

*Ian* Es ist also erwiesen, für den Minderwertigen ist der Tod das Glück, für den Wertvollen das Leben.

*Myra* So klar zu denken ist wenigen gegeben.

*Ian* Das stimmt, Hessie. Schalte das Tonband an. Ich wünsche ein zweites Mal zu hören, wie aus einem Tiere ein Tier wird. Den Irrtümern der Natur muß Geradheit wie die unsere helfen.

*Szene John Killbridges Tod auf Band.*

Du hörst das Winseln.

*Myra* Ich höre. Dagegen Ihre Stimme, klar und direkt. Wir sind sauber im Gegensatz zu den Minderwertigen.

*Ian* Dennoch, zu schnell ist alles gegangen. Ein weiterer Versuch wird unternommen werden. Ist die Miete bezahlt?

*Myra* Ich habe sie überwiesen.

*Ian* Kaufe Stacheldraht. Der nächste Versuch muß mit einem weiblichen Wesen stattfinden. Sie wird mit Stacheldraht gefesselt werden. Versuche, alten, verrosteten zu erstehen.

*A.* Als Jesus das Kreuz erblickte, hat er nach ihm mit großem Verlangen seine blutenden Arme ausgestreckt, hat es innig umfangen, herzlich geküßt und auf seine verwundeten Schultern gelegt. Obwohl er todschwach war, hat er dennoch frohlockt und ist wahrhaft groß seinen Weg gegangen.

*B.* O du Mutter, Born der Liebe, mich erfüll mit gleichem Triebe, daß ich fühl die Schmerzen sein. Daß mein Herz in Leid entzündet, sich mit deiner Lieb verbindet.

*C.* Alle Wunden ihm geschlagen
Schmach und Kreuz mit ihm getragen
Das sei fortan mein Gewinn.

*Vom Band die Sterbegeräusche des Mädchens, dazwischen ebenfalls vom Band*

*Myra* Make an end with her now

*Ian* OK. OK. Just a moment

*Myra* All up with her?

*Ian* Easily done

*Myra* There is no gasp any more

*Ian* Now she is gone

*Ian* Deine Augen, Hessie. Deine Augen. Ich bemerke, sie werden immer stählerner. Das Blau wird zu Blau.

*Myra* Sie haben mir geholfen, ich zu werden. Es wirkt sich aus, wirkt es?

*Ian* Ja, Hessie. Es tut. Überhaupt wird dein Körper gefaßter. Ich habe geedelt. Ich bin erfreut.

*Myra* Zu hören von Ihnen das ist göttlich. Es ist.

*Ian* Ja, Hessie. Die Zeit ist gekommen, die Lehren zu verbreiten. Du folgst meiner Ansicht?

*Myra* Gewiß. Es muß geschehen, daß weitergeführt wird das Große. Daß Wellen schlägt das Aufopfernde. Es wird uns dankbar sein.

*Ian* Ich schlage vor, beim Blut zu bleiben. Du bist kennend meinen Vetter. Er wird sein Bormann. Es wird Mühen kosten, ihm klarzumachen die Vollkommenheit des Gedachten.

*Myra* Keine Anstrengung wird mir zu hoch sein, Ihre Ideen zu verbreiten. Keine.

*Ian* Es wird geschehen. Veranstaltet werden Schulungen.

*Myra* Gut. So groß sind Ihre Ideen, daß rasch begriffen wird, was gemeint. Wird es?

*Ian* Es wird. Dennoch, die letzten Konsequenzen zu verstehen wird schwer sein für jeden. Und sei es mein Blut.

*Myra* Ich habe das größte Vertrauen in Blut, das das Ihre. Es wird sich durchsetzen in ihm. Wird es?

*Ian* Es muß. Nicht minderwertig kann sein, was mir ähnlich. Das ist.

*K.* Sie ham schon wieder Besuch ghabt heut nacht.

*I.* Des is mei Sach.

*K.* Des is nicht die Ihre Sach. Weil nämlich da ein Paragraph dranhängt.

*H.* Wenn jetzt das noch amal vorkommt, dann müssen wir von einer Kündigung Gebrauch machen.

*K.* Ja, des muß sein, weil nämlich wir nicht gerne strafbar sind. Das muß in Ihren Kopf schon hineingehn.

*I.* Wer zahlt denn Ihnen schon hundertfünfzig Mark für ein Zimmer, ein solches, wenn nicht die Möglichkeit der separaten Benutzung gewährleistet ist.

*H.* Jetzt redens net so frech. In Ihrer Firma hab ich angerufen, ob daß Sie da noch arbeiten da, und was glauben Sie, hat man mir gesagt?

*I.* Was nacha?

*H.* Eben daß Sie schon seit drei Wochen nicht mehr arbeiten da.

*K.* Ja, und von was leben jetzt Sie? Möchtens uns das jetzt nicht verraten?

*I.* Frag ich Sie, ob Sie gut scheißen können am Klo?

*H.* Das ist die Höhe! Am Ersten sind Sie gekündigt, daß es genau wissen.

*K.* Nicht mehr sehn wolln wir Sie von dem Termin an.

*I.* Gut, aber hoffentlich können Sie mir meine Kaution zurückzahlen.

*H.* Redens nicht so einen Schmarrn daher. Wir leben in einer Sicherheit, von der können Sie bloß träumen. – Wenns nicht überhaupts zu verdorben sind dazu.

*K.* Was aus der wird, möcht ich net wissen.

*I + L – M*

*I.* Warum hast du das rumerzählt über uns?
*L.* Ist das richtig. Wenn jetzt alle über uns reden?
*M.* Wie man halt so redet.
*L.* Nein, nicht wie man halt einfach so redet. – Ich mach dich verantwortlich für das. Ich könnte dich ja auch zusammenschlagen für das.
*I.* Was mir am liebsten wäre. Einfach reinschlagen.
*L.* Gute Lust hätt ich dazu.
*I.* Tus doch, bitte.
*L.* Vielleicht. Und dir? Fällt dir nichts Besseres ein?
*M.* Meinst du was Bestimmtes?
*L.* Ich schon. Das kannst du mir glauben.
*M.* Ich verstehe kein Wort von dem, was du sagst.
*L.* Dann überleg mal. Denk einfach mal nach. Keine Idee? Nix? Und jetzt?
*M.* Jetzt sag halt, was du meinst.
*L.* Ich denk an eine kleine Abfindung. Kies. Money.
*I.* Genial. Du bist genial.
*M.* Ich hab kein Geld. Eben nicht viel.
*L.* Aber das, was du hast, das gibst du uns doch freiwillig? Für den angerichteten persönlichen Schaden.
*I.* Los, Kleiner, machn Geldbeutel auf.
*M.* OK. Zwanzig Mark.
*L.* Zwanzig Mark?
*M.* Klar. Oder was?
*I.* Jetzt mußt du nachhelfen.

*M.* Du bist mein Freund. Ich war schon in Indien, Nepal, fast bis in China.

*L.* Und Norwegen, Finnland? Der Norden ist Klasse. In Finnland die Weiber.

*M.* Der Süden also ist mir angemessen.

*L.* Schau mal. Der da! Ein Bauch und Nelke im Knopfloch.

*M.* Und Schuhe für 200 Meter, sonst Auto und Lift.

*K.* Ich esse, was mir Freude macht. Weil ich arbeite. Telefonate, die Hunger machen. Und Appetit von der frischen Luft zwischendurch.

*M.* Schau deine Backen an. Der Sohn eines Hamsters.

*K.* Wie gesagt. Ich arbeite für meine Backen.

*M.* Ein Hamster hätt seine Freude an dir, Vatter.

*K.* Weil ich allein bin und ohne Stammtisch. Dann sähe die Sache anders aus. Ganz.

*L.* Dieser Tritt vors Schienbein macht mir Freude.

*M.* Und mir dieser Schlag auf den Kopf.

*L.* Der Treffer am Kinn.

*M.* Der linke Haken gegen die Milz.

*L.* Anatomien zerstören.

*M.* Anatomien mit Bäuchen.

*K.* Ich lade euch ein zu nem Bier.

*M.* Das klingt schon besser. Eigentlich sehr gut.

*L.* Los. Laß jappen. Ein Bier hoch zehn.

Sie wurde völlig apathisch und trug monatelang schwarz. Jeder war schuld am Tod der Puppe, sie selbst, eine ausgezeichnete Schwimmerin, war an jenem Nachmittag aus Faulheit nicht mit zum Teich gegangen. Duke, Großmutters Hund, wurde Myras neuer Liebling – bis ihn ein Auto überfuhr. Oma sagte, das sei bedauerlich, und kaufte sich einen neuen Hund. Myra trug wieder schwarz. Sie wollte erst ins Kloster und den Schleier nehmen, dann nahm sie aber doch die Trokkenhaube. Mal blond, mal rötlich getönt, voll mit gestelzten Sprüchen aus Frauenmagazinen, unerreichbar für die Jungs der Umgebung, wartete sie auf den, der da kommen würde. Der da kommen sollte, das wußte sie vom ersten Augenblick an, war Ian Brady. Doch Ian Brady beachtete das langbeinige vollbusige Mädchen nicht. Genauer: er unterwarf sie einem monatelangen Wechselbad von Hoffnung und Depression, einem aufmunternden Blick folgte wochenlanges Ignorieren, ein paar belanglosen Worten wochenlanges Schweigen. Er übersah sie in der Mittagspause und büffelte deutsch, er las *Mein Kampf*, pornografische Literatur, *Der Kuß der Peitsche* und Krimis, Myra schrieb, als er erkältet war, in ihr Tagebuch, ich würde ihn gerne pflegen.

*L + M – H*

*L.* Geile Fotze das.
*M.* Geile Sau.
*L.* Die legen wir jetzt hin.
*M.* Das muß sein jetzt.
*H.* Nein bitte nicht.
*L.* Dageblieben. Hast du keine Lust auf uns?
*H.* Wenn Sie mich nicht loslassen, dann schreie ich.
*Schrei.*
*M.* Schrei nur Fotze. Hier hört dich keiner.
*H.* Bitte, bitte. Laßt mich.
*L.* Weißt du, das macht uns scharf, wenn du schreist. Schrei nur.
*H.* Hilfe! Hilfe!
*M.* Hihi. Halt ihr mal die Arme fest.
*L.* Klar.
*H.* Mutti! Mutti!
*M.* Hier kannst du leicht nach deiner Mutter schrein.
*L.* Die sollte am besten auch noch da sein. Für jeden eine.
*M.* He, kratz mich nicht, Schlampe. Bist doch scharf auf uns. Stell dich nicht so an. Aua. Bist du wahnsinnig geworden?
*L.* Ja. Sie ist wahnsinnig geworden.
*H.* Nicht küssen. Bitte nicht küssen.
*L.* Warum nicht? Gefällt dir mein Mund nicht? Ich hab mir die Zähne geputzt heute morgen. Wie sichs gehört.
*M.* Jetzt halt ihr wirklich mal die Arme fest. Hast du noch dein Häutchen, Schwester? Da stech ich jetzt hinein wie mit nem Messer.
*L.* Aber es tut gut. Süße. Glaub mir, es tut gut.

*K.* Eine Red muß ich führn mit Ihnen. Ernsthaft. Wega da Zukunft.
*H.* Daßt net gar z'streng bist mit eahm. A bißl dumm issa.
*L.* Wieso sagst jetzt du, daß ich dumm bin.
*H.* Geh, a bisserl halt. Im Kopf. Sonst is der gut.
*K.* Dadran liegt kein Interesse für mich. Das Interesse meinerseits liegt im Geld. Im »Portefeuille«. Da drin. Sonst in nix.
*L.* Wie meint jetzt er das?
*H.* Wast halt verdienst in da Woch. Und obst was aufm Konto hast. Solchane Sachen.
*L.* Hundachzg in da Woch. Brutto. Neunhundertzwanzg aufm Konto Bayrische Hypo- und Wechselbank. 4704 Zweigstelle Hohenzollernplatz.
*K.* Und mit dem wolln Sie des Madl ernährn? Daß Ihnen nicht schämen.
*L.* S'werd ja oiwei mehra.
*K.* Ein Furz is das. Aber kein Geld nicht. Hochrot müssat Ihr Kopf wern bei einer solchen Red.
*H.* Allerdings, des is nicht viel.
*K.* Daß du da so an ernsten Ton draus machst, aus dem.
*L.* Wirklich, s'werd ja oiwei mehra.
*K.* In dene Kategorien kann ich ein Mehr oder ein Weniger nicht unterscheiden.
*H.* Aber ein Spaß, körperlich, ist schon einer da.
*K.* Den nimmst dir, und alles anderne läßt der Vergessenheit anheimfallen.

*H + L – I*

*L.* Das ist aber schon ein sehr schönes Mädchen.
*I.* Die da?
*L.* Ja. Ja. Kennst du die?
*I.* Sicher. Komm mal her da.
*H.* Wollt ihr was von mir?
*L.* Was verlangst du?
*H.* Was bin ich dir wert?
*L.* Na ja. Ich weiß nicht.
*H.* Also das mußt du schon wissen.
*L.* Fünfzig?
*H.* Gut.
*I.* Aber du hast doch mich ausgesucht.
*L.* Ja, vorher.
*I.* Ich find das nicht richtig.
*L.* Das Geld kriegst du trotzdem. OK?
*I.* Na schön.
*L.* Gott, bist du schön.
*H.* Ja?
*L.* Klar, das weißt du doch.
*H.* Schon.
*L.* Mich hats richtig gepackt. Bist du öfter da?
*H.* Ich arbeite hier.
*L.* Ich hab dich aber noch nie gesehn.
*H.* Ja. Ich find immer schnell einen.
*L.* Das glaub ich. Wolln wir jetzt gehn?
*H.* Klar. Je schneller je besser.
*L.* Gut. Wiederschaun.
*H.* Servus. Machs gut.
*I.* Ja, das Glück ist nicht immer lustig.

*Ian* Das Mädchen hat gewesen zäher als der Junge. Seltsam, gewiß.

*Myra* Möglicherweise einer etwas höheren Rasse entstammend. Der Stacheldraht schmerzte sie sehr, dennoch hat sie nie um Gnade gebettelt.

*Ian* Dennoch, in ihren Augen lag die Angst verborgen. Hast du bemerkt, Hessie, hastu?

*Myra* Gewiß. Doch eher hat der Hunger ihr geschmerzt. Das Stück des Brotes, welches ich ihr vor Augen hielt, ließ jene zu einem Schielen verdreht werden. Haben Sie gesehen, mein Führer, haben Sie?

*Ian* Ich habe, gewiß. Doch hat sich mein Augenmerk mehr auf eine eventuelle Schamhaftigkeit des Dinges gerichtet, aber ich habe bemerkt, das Ding ist bar jedweden Empfindens von Scham. Ist es. Ist es gewesen.

*Myra* Ja. Seltsam. Gewiß. Wir werden das aufnotieren müssen. Je minderer Rasse ein Lebewesen, desto weniger ausgeprägt das Gefühl natürlicher Scham. Hat es?

*Ian* Es hat mich fast rasend gemacht. Zu sehen ein Geschöpf nackt vor meinen Augen, das nicht versucht, die Gegend zwischen den Beinen zu verdecken. Vor Zorn über den Gedanken, daß derartige Lebewesen eine ähnliche Lebensberechtigung haben sollten in unserer Kultur, wie eben höhergeartete, hätte mich fast den Vorsatz vergessen lassen, das Experiment länger dauern zu lassen. Hat es.

*Myra* Ich möchte Ihre Zurückhaltung preisen.

*Ian* Ich danke dir, Myra.

*Myra* Einen Gott gibt es wohl nicht für diese Kategorie!? Ich kann mir die Frage selbst beantworten. Nein.

*Ian* Notiere alles und laß mich überprüfen es. Wir werden darauf aufbaun müssen.

*C.* Der Friede sei mit euch! Wie soll das Kind heißen?
*A.* Alfred.
*C.* Alfred, was begehrst du von der Kirche Gottes?
*A.* Den Glauben.
*C.* Was gewährt dir der Glaube?
*A.* Das ewige Leben.
*C.* Willst du also zum Leben eingehen, so halte die Gebote:

Du sollst den Herrn deinen Gott lieben
aus deinem ganzen Herzen
aus deiner ganzen Seele
und aus deinem ganzen Gemüte
wie deinen Nächsten und dich selbst.

*A., B.* Wir widersagen dem Teufel und allen seinen Werken und all seinem Gepränge.
*A.,B.,C. singen* Fest soll mein Taufbund immer stehen, ich will die Kirche hören.

*Myra* Folglich ist auszuschalten alles minderwertige Leben. Das hast du verstanden?

*Jimmy* Klar doch.

*Ian* Das ist nicht einfach nur so dahinzusagen. Daraus sind Schlüsse zu ziehen, direkte.

*Myra* Ganz direkte. Du hast verstanden?

*Jimmy* Schon. Doch ...

*Myra* Also noch einmal. Auch das Unwerte braucht Luft zum Atmen, Platz zum Leben. Aber das Unwerte hat kein Recht dazu. Das liegt in der Natur des Unwerten. Liegt es?

*Jimmy* Ja. Sowieso. Und?

*Ian* Daraus mußt du einen Schluß ziehen für dich.

*Myra* Hast du einen Schluß gezogen?

*Jimmy* *Nicken* Nein.

*Myra* Ich werde es anders klären. Du willst dich in das Bett legen, das dir zusteht. Aber es liegt einer in es. Was tust du tun?

*Jimmy* Ich schmeiß ihn raus. Das ich tu tun.

*Ian* Das ist der Punkt.

*Myra* Auf diesem Planeten gibt es viele, die deine Luft atmen. Auf der Straße gehen, die dir zusteht, nicht ihnen. Was, mit denen, bist du tuend?

*Jimmy* Rausschmeißen? Na klar, rausschmeißen.

*Ian* Und das, das haben wir uns vorgenommen. Was unwert ist, ist rauszuschmeißen. Das muß sein.

*Jimmy* Aber wie?

*Myra* Du hast doch sicher einen unter deinen Freunden, der wertlos ist. Siehst du, den bringst du mit zu uns, wir werden dir zeigen wie. Werden wir.

*H.* Der Junge hat ganz offensichtlich versucht, mich unsittlich zu berühren. Ich bin sonst nicht so. Sie wissen das, ich habe ein ausgesprochen freies Verhältnis den jungen Leuten gegenüber. Aber wenn etwas zu weit geht.

*K.* Wie ist es vor sich gegangen?

*H.* Wir hatten Duschstunde. Sie wissen, daß nach der neuen Einteilung die Kleinen gemeinsam mit den Sechzehn- bis Achtzehnjährigen duschen müssen. So leid es mir tut, aber die Jugend wäscht sich unbeaufsichtigt weitaus nicht so gründlich wie unter Aufsicht. Und dabei, wie schrecklich ...

*K.* Hören Sie auf zu weinen, meine Liebe. Was hast du ihr getan, daß sie so emotionell reagiert?

*H.* Es muß bestraft werden, das Kind. Sie werden eine Strafe aussprechen. Der Vorfall muß den Eltern des Jungen gemeldet werden. Wer weiß, ob da nicht ein potentieller Sittlichkeitsverbrecher heranwächst.

*K.* Das stimmt. Man kann in diesen Dingen nicht vorsichtig genug sein. Jetzt sprich selber zur Läuterung. Was du ihr angetan hast.

*H.* Er ist verstockt, der Junge. Unwahrscheinlich. Aber ich möchte es ausdrücklich auch mit seinen schulischen Leistungen in Verbindung bringen. Die haben nachgelassen.

*K.* Wie interessant. Auch seine schulischen Leistungen lassen also zu wünschen übrig. Da nimmt die kindliche Geilheit nicht wunder.

*H.* Er hat mich an die Brust gegriffen, unter den Pullover.

*K.* Etwas Ähnliches dachte ich bereits. Dieser Vorfall muß den Eltern weitergeleitet werden. Man möchte gerne wissen, was man heranzieht.

*H.* Und wofür man bezahlt. Sich einschränkt.

*K.* Das möchte man wissen. Und deine Eltern werden sich sicher interessieren für diesen Vorfall.

*K + L − M*

*K.* Wer hat die Unterhose vollgeschissen und ins Klo geschmissen? Einer, der immer meckert! Ists gewesen. Das steht fest.

*L.* Das Klo ist verstopft. Onaniert hat er auch diese Nacht. Die Flecken im Bett. Ich hab sie gesehn.

*K.* Einer, der immer meckert. Und Klowände anschmiert mit verschiedenen Sprüchen. Narrenhände beschmieren Tisch und Wände.

*M.* Hand in Hand. Hand in it. It in Hand. It in it. Thats it.

*K. contra publico* Hastn gwichst heut nacht?

*L.* Die sind mir gleich. Aber der nicht. Von dem weiß ich Genaues.

*K.* Sprüche wie diese zersetzen die Moral der Mannschaft. Das Taschenmesser! Hastn Taschenmesser?

*L.* Ja.

*K.* Auf den Boden. Aufgeschnappt. Stechbereit.

*L.* Es liegt. Geöffnet dem Sinn.

*K.* Gefreiter Markus!

*M.* Zur Stelle!

*K.* Sie kennen das Spiel! Liegestütz über geöffneter Waffe.

*M.* Zu Befehl, Herr Hauptmann.

*K.* Unsereins braucht einen Spaß, den er sich holt, wie er ihn braucht. Unsereins wird, was er ist, zum Zweck der Verwirklichung.

*L.* Sieben. Acht. Neun. Zehn.

*H., I. zu den Liegestützen* I Wanna be loved by you.

*K.* Sie waren doch befreundet mit ihm.
*H.* Das wissen Sie doch schon.
*L.* Und wann haben Sie ihn zuletzt gesehn?
*H.* Letzte Woche, Mittwoch oder Donnerstag.
*L.* Und wo haben Sie ihn getroffen?
*H.* In einem Café, Capri glaub ich.
*K.* Diese Pistole! Die gehört doch Ihnen?
*H.* Ja.
*K.* Mit dieser Pistole ist er erschossen worden.
*H.* Ich hab nichts getan. Ich wars nicht. Lassen Sie mich.
*L.* Wann haben Sie die Pistole zum letzten Mal bewußt gesehen?
*H.* Vor einem Monat. Oder zwei.
*K.* Ist Ihnen nicht aufgefallen, daß sie weg ist?
*H.* Möglich.
*L.* Und warum haben Sie den Verlust nicht gemeldet?
*H.* Es schien mir nicht wichtig genug.
*K.* Warum haben Sie ihn ermordet?
*H.* Ich bins nicht gewesen. Warum hätte ich ihn ermorden sollen? Ich bins nicht gewesen.
*L.* Nehmen wir mal an aus Eifersucht
*H.* Ich wäre nie eifersüchtig gewesen auf ihn.
*L.* Reden Sie. Man hat Ihnen eine Frage gestellt.
*K.* Los! Warum haben Sie den Verlust der Waffe nicht gemeldet?
*L.* Warum haben Sie ihn erschossen?
*K.* Wo sind Sie gewesen, heute nacht zwischen zwei und drei?
*L.* Hatte er Ihnen nicht die Ehe versprochen?
*K.* Los, reden Sie, wir sind keine Kinder.

*Ian Brady V*

Das Härtebad dauerte bis zum Jahreswechsel zweiundsechzig. Dann kam er zur Sylvesterfeier, eine Flasche deutschen Wein unter dem Arm, ein Mann von Welt mit Stecktuch und Stechschritt. Myras Eltern waren angetan, Myra angetrunken, als er sie zur Oma nach Hause brachte. Die beiden schlichen in Myras Zimmer, und Ian kam schnell zur Sache. Er entjungferte Myra kurz, gnadenlos und ging, als ob nichts gewesen wäre, nach Hause, wo ein Bild von Irm Grese, der heimlichen KZ-Kommandantin von Bergenbelsen, stets griffbereit im Schrank lag. Myra muß sich ein Dirndl machen lassen, die Teutonin ist perfekt und bekommt den Kosenamen Hessie, nach des Führers Vize Rudolf Hess. Sie trinken jeden Abend deutschen Wein und hören den deutschen Führer von amerikanischen Schallplatten. Hitlers Inferno. Myra muß den Wein kaufen gehen, und es werden jeden Abend mehr, zwei, drei, vier Flaschen, doch anderntags im Büro merkt keiner, daß die beiden etwas miteinander haben. Und dann begann Ian Brady zu fotografieren. Erst seine Hessie ein paarmal im Moor, dann Hessie im Bett. In seiner Aktentasche bringt der Buchhalter Brady Reizwäsche nach Hause. Myra will sie erst nicht anziehen. Sie tut es dann, denn Ian hilft mit einer kleinen Lederpeitsche nach. Die Peitsche und Myras striemengezeichnete Kehrseite sind auf einem der dreißig Fotos zu sehen, die sichergestellt wurden.

*H + I – K*

*H.* Wieviel hast jetzt du schon heut?
*I.* An Fuchzger.
*H.* Des geht. Was will jetzt der da? Spinnst du?
*K.* Wieso? Ich hab auch meine Rechte.
*H.* Des hier, des is kein Platz für Schwule nicht.
*I.* Willst jetzt du uns as Geschäft vermasseln?
*K.* Redets mich net an, des steht euch besser.
*H.* Das Abnormale ist schon schädlich für unsere Bransch.
*K.* Geh, einen Aufschwung wirds gem. Wenn die mein Arsch sehn.
*H.* Ein Arsch ist zum Anfassen, sonst nix.
*K.* Der meine nicht.
*L.* Also jetzt verschwindst du. Weil ich sonst den meinen hol.
*K.* Is der geil, der deine? Toll?
*I.* Des geht dich einen Scheißdreck an. Der meine is nix.
*K.* Geh, ich will ja bloß wissen, ob er einen hat, einen tollen. Ich träum immer von einem tollen. Jede Nacht.
*H.* Der is schon ganz schön pervers.
*I.* Hast jetzt du schon amal was mit einer gehabt?
*K.* A geh, bin i lesbisch? Aba so schau i doch wirklich net aus. I net.
*I.* Das sind schon schlimme Säu, die Schwuln.
*H.* Warme Brüder halt.
*I.* Aber so warm schon.
*H.* Und abhaun wirst jetzt trotzdem müssen.

*K.* Wie war das in Little Rock? Die Autorennen, haben die was gebracht?
*L.* Na ja. 's geht. Leben konnte man davon.
*M.* Und der Überfall!!!
*L.* Welcher Überfall? Was meinen Sie?
*K.* Wir wollen nur wissen, wer der Chef war. Der Chef, Sie haben verstanden. Also? Los!
*L.* Au! Ich ... au, ach ... ich kenne den Namen nicht. Es waren zwei.
*M.* Laß ihn los.
*L.* Eine Frau war dabei.
*M.* Das war Myra?
*K.* Sehen Sie. Es geht.
*M.* Wo sind die jetzt, die zwei?
*L.* Die haben mich betrogen. Wie alle.
*K.* Streng deinen Kopf an. Los.
*M.* Wie schmeckt die Zigarette so rum?
*K.* Sags uns. Liebling. Wir sind dann auch ganz brav.
*M.* Störrisch, der Kleine.
*K.* Sei nett.
*L.* Sie hat ne Kneipe in Dallas. Hört auf jetzt!
*M.* Liebste Myra. Hat ne Kneipe in Dallas. Sieh da.
*L.* Ich habe nichts bekommen. Gar nichts.
*M.* Los jetzt.
*K.* OK.
*L.* Was habt ihr vor? Nein, nein. *Schuh.* Oa. Das wäre nicht nötig gewesen. Ich hätte niemanden ...
*M.* Arme Ratte. Ganz kleine Ratte.

*H.* Ich bin PHWG. Du bist selber schuld, wenn dir der Speichel über die Backen läuft.
*I.* PHWG = Person mit häufig wechselndem Geschlechtsverkehr.
*H.* Fuckyourself, sagen die Amis. Und ich sags zu dir.
*I.* Weiß Gott, es gibt schönere Männer.
*H.* Und besser im Bett.
*I.* Hat der überhaupt einen?
*H.* Minimal. Bei meinen Erfahrungen.
*I.* Und Haare auf der Brust?
*H.* Minimal. Sein Hintern ist süß. Er sollte sich auf den Bauch legen für meine Sonstigen. Der ist süß. Aber sonst.
*M.* Warum verleugnest du mich? Die Englein im Himmel haben gesungen für dich, hast du gesagt. Und gestöhnt hast du auch. Und geschwitzt wie ein Schwein. Hast du.
*H.* Ich weiß, was sie mögen, die kleinen Minderbemittelten. Fühln sich wie Tarzan.
*I.* *Lachen.*
*H.* Prinzipiell ist ein Gastschwanz mir lieber als jeder einheimische. Nur leider, manche sind schnell wie der Wind.
*I.* Hattest du den mit dem Adler auf beiden Brüsten?
*H.* O ja! Der stößt wie der Teufel.
*M.* *Stöhnen – Jammern.*
*H.* Da magst du jammern ohne Netz und doppelten Boden. Die Entscheidungen aber, die sind getroffen.
*M.* Ich gebe dir Bedenkzeit. Drei Tage.
*H.* Glockenhelles Lachen.

*Jimmy* Mir ist schlecht. Wie der daliegt. Und der ist tot. Doch.

*Ian* Wir werden bringen ihn morgen ins Moor. Werden wir.

*Jimmy* Der ist so tot.

*Myra* Er hat dir die Luft weggenommen. Und Platz. Und war wertlos gewesen.

*Ian* Reiß dich zusammen. Es pulst mein Blut in deinen Adern. Werde hart.

*Jimmy* Ich muß mich bemühen.

*Myra* Eben. Du willst doch nicht, daß wir dich für unwert befinden. Das willst du nicht.

*Jimmy* Nein.

*Ian* Eben, dann reiß dich zusammen! Es fehlt dir noch vieles. Die Kraft, der Mut, die vollkommene Sauberkeit. Ein Herr wirst du werden müssen.

*Jimmy* Der hat so geschrien.

*Myra* Weil er unwert war. Sehr unwert. Wer wert ist, hält sich stumm und ist wert. Und das ist nicht sicher. Nicht wer stumm ist, ist wert, wer wert ist, bestimmen wir.

*Ian* Auch du solltest einer von denen werden, die das bestimmen können. Sollst du. Ein Herr mußt du werden. Ein Herr über Leben und Tod.

*Myra* Geh jetzt nach Hause. Denk nach über das, was du gelernt hast, heute. Es wird dich starkmachen. Es wird dir helfen. Geh jetzt. Und vergiß nie, du mußt so werden wie wir.

Legt den alten Menschen ab und ziehet an den neuen Menschen. Seid ein wohlgefälliges Opfer eurem Herrn nicht durch das Blut von Böcken und Stieren, sondern durch das Blut Christi gereinigt. Eßt sein Fleisch und trinkt sein Blut, und ihr werdet leben in Ewigkeit.

*K + M – I*

*M.* Machts dir Spaß? Aufm Strich?
*I.* Es geht.
*K.* Sind alles Säue, die Nutten. Mannstolle Säue.
*I.* Brauchst dich ja nicht einlassen mit einer.
*K.* Das kann mir schon nicht passieren.
*M.* Was verlangst du?
*I.* Dreißig die Nummer im Auto. Fünfzig im Hotel.
*M.* Und? Bist du gut?
*I.* Vorne, hinten, Mund. Was das Herz begehrt.
*K.* Drecksau.
*I.* Leck mich am Arsch.
*M.* Ein bißchen Recht hat er schon. Wers treiben kann mit jedem.
*I.* Jeder Schwanz, groß klein gewaschen ungewaschen.
*M.* Sind nicht die Krankheiten verbreitet bei euch?
*I.* Im Gegenteil. Wir haben regelmäßig Untersuchungen. Wir schon.
*K.* Und meinst du, du bist fünfzig wert?
*I.* Die Geschmäcker sind verschieden.
*K.* Ich tät keine zwei Mark dranhängen. Ich nicht.
*I.* Bei deiner Frau aber schon. Die ist besser. Nicht?
*K.* Laß meine Frau aus deinem Mund heraus.
*M.* Seine Frau, die ist wirklich anständig. Da gibts nichts.
*I.* Anständig bin ich auch. Auf meine Art. Und ehrlich.
*K.* Wo bist du denn ehrlich? Mit diesem Gesicht. Und den Augen.
*I.* Mir liegt der Anstand im Herzen.
*K.* Daß ich nicht lach.

*H.* Sehnsucht, schwelgend und schwärmerisch. In der Seele ein Schauern. *Epileptischer Anfall. Durchgehend.*

*K.* Der Krankenwagen ist schon bestellt.

*H.* Graue Schatten vor den Lidern. Zitronen und Hyazinthen.

*I.* Hör jetzt auf mit dem Blödsinn.

*K.* Laß sie. Ich sehe schon ihre Arme in dieser Jacke. Und da befällt mich ein Schauern. Aber vor Lust.

*I.* Ach du!

*K.* Gell. Da weißt du, wen du hast in mir.

*H.* Und abwärts die Sonne. Ein schwarzer Schleier hat sie gedämpft.

*K.* Der Spaß. So scharf war ich noch nie auf dich. Du sollst meine Zunge spüren. Und meinen Schwanz. Das sag ich dir.

*I.* Wahnsinn! Du bist gut. Gut bist du. Ach du.

*H.* Die Luft. Hilfe! Hilfe! Von oben. Engel, Schwärme von Engeln. My-ri-a-den.

*K.* Geil! Ah! Die Zwangsjacke! Kommt!

*I.* Der Schmerz. Dieser Schmerz. Du bist gut.

*K.* Wie sie würgt. Ich schlage mir auf die Schenkel.

*H.* Gott nähe … zu … Ach … ah.

*K.* Sie stirbt. Wahnsinn.

*I.* Küß mich. Du! Großer. Du ganz großer.

*H.* Das All! Far… ben.

*K.* *Großes Lachen.*

*I.* Der Tod.

*I + L − H*

*I.* Mit Ihnen wurde der Kältetest gemacht?

*H. Nicken.*

*L.* Ausgesprochen gut ausgefallen bei diesem Exemplar. Ich möchte fast sagen, es sieht jetzt gesünder aus als zuvor.

*I.* Sehr interessant. Können Sie mir spezifische Eindrücke des Erwachens mitteilen?

*H. Kopfschütteln.*

*L.* Leider wurden diesem Exemplar die Stimmbänder entfernt.

*I.* So. Aus welchem Grund?

*L.* Ja, als man es auswählte für den Test, war es ausgesprochen verschüchtert, schrie sehr laut und störte dadurch die Konzentration des Teams.

*I.* Sehr interessant. Angst und Schreie, fast menschliche Reaktionen.

*L.* Stimmt. Aber man erlebt die seltsamsten Dinge bei diesen Exemplaren.

*I.* Mein liebes Kind, verspüren Sie gewöhnlich zu bestimmten Zeiten Hunger.

*H. Achselzucken.*

*L.* Man könnte fast die Uhr danach stellen. Ein ausgesprochen pünktlicher Drang, Nahrung einzunehmen.

*I.* Ja. Und wie steht es mit dem Stuhlgang?

*L.* Also im besonderen dieses Exemplar hat auch einen ausgesprochen regelmäßigen Stuhlgang. Ja. Im großen und ganzen ein leicht zu wartendes Ding. Man kann nicht mit allen gleichermaßen zufrieden sein.

*I.* Noch diese Frage. Hat sich durch die Einwirkung der Wärme eine eventuelle Schwangerschaft bemerkbar gemacht?

*L.* Zu unserem Bedauern leider nein. Das Exemplar scheint aus verschiedenen Gründen unfruchtbar zu sein.

## *Ian Brady VI*

Auch Ian ist zu sehen, allein und mit Myra beim Geschlechtsakt, dann haben beide wieder Ku-Klux-Klan-Mützen über dem Kopf oder zeigen einen blasierten Gesichtsausdruck. Das Leben nimmt zu an Tempo, Kino, Wein, Sex und umgekehrt. Der Nürnberger Prozeß, der Satan der Nacht und ein paar Flaschen Liebfrauenmilch im Mietwagen irgendwo im Moor. Richtung bekommt das Leben wieder, als sich Ian mehr aus Versehen ein Buch kauft, das ihn beruhigt und fasziniert. *Justine oder die Mißgeschicke der Tugend* von Marquis de Sade. Sie lesen das Buch beide, auf den Schlüsselsatz weist er sie hin: Was ich brauche, ist eine intelligente, schmucke Frau, die selbst bereits den Pfad der Schmerzen gegangen ist, mit einem Wort, eine junge tüchtige Frau, die kein Mitleid kennt und genau weiß, was sie will. Myra weiß, was sie will, als sie nach einem Umtrunk im Moor Ian im Mietwagen durch die Stadt fährt und am Markt Ashton-an-der-Line vorbeikommt. Dort lehnt im Nebel, es ist 17.45, ein Junge an einer Abfallkiste. Es ist der zwölfjährige John Killbridge. Der Wagen hält, John Killbridge steigt ein.

## ANHANG

Die folgenden vier Liturgiques wurden nur in der Münchner Fassung verwendet.

*A., B., C.*

Blut und Wein
Wein und Blut
Blut zu Wein
Wein zu Blut
Blut zu Blut
Blut ist Wein
Wein ist Blut
Blutwein

*Myra* bloody god ff.
*Ian* Calix sanguinis tuis ff.

*A., B., C.*

Voll des heiligen Geistes kehrte Jesus vom Jordan zurück und wurde vom Geist in die Wüste geführt. Dort blieb er vierzig Tage und ward vom Teufel versucht. Lukas 4,1

Du mächtige Jungfrau
Du bist der Spiegel der Gerechtigkeit
Du Ursache unserer Freude
Du Kelch des Geistes
Du geheimnisvolle Rose
Du elfenbeinerner Turm
Du goldenes Haus
Du Bundeslade
Du Pforte des Himmels
Du Morgenstern
Bitte für uns ff.

*A. singt* O du Lamm Gottes, mich dürstet nach deinem Blut

*B.* Da hängt er nackt und bloß

*C.* Schau die Wunden

*B.* Das Haupt ist geneigt

*C.* Das Herz geöffnet

*B.* Die Arme ausgespannt

*C.* Welche Liebe

Die Szenenfolge der Uraufführung durch das Münchner antiteater befolgte eine strenge Symmetrie:

6 contres
1 Erzählung
4 contres
1 Erzählung
3 contres
1 Erzählung
2 contres
In regelmäßigem Wechsel:
1 pas de deux
1 liturgique
also 9 mal
danach reprise der contres in rückläufiger Reihenfolge mit den restlichen Erzählungen:
2 contres
1 Erzählung
3 contres
1 Erzählung
4 contres
1 Erzählung
6 contres

Genaue Szenenfolge der Münchner Uraufführung

Mit Ihnen wurde der Kältetest gemacht?
Eine Red muß ich führn mit Ihnen.
Warum hast du das rumerzählt über uns?
Machts dir Spaß? Aufm Strich?
Sehnsucht, schwelgend und schwärmerisch.
Das ist aber schon ein sehr schönes Mädchen.
Ian Brady I
Geile Fotze das.
Der Junge hat ganz offensichtlich versucht ...
Du bist mein Freund.
Wie war das in Little Rock?
Ian Brady II
Sie waren doch befreundet mit ihm.
Ich bin PHWG.
Wieviel hast jetzt du schon heut?
Ian Brady III
Sie ham schon wieder Besuch ghabt heut nacht.
Wer hat die Unterhose vollgeschissen ...
Ich komme heute auf Ihre Party.
Verachte die Welt ...
Ich habe dir die Fotografien gezeigt.
Blut und Wein
Du weißt, warum ich dich schlagen mußte.
Voll des Heiligen Geistes ...
Du hast dich verhalten, wie ich glaubte ...
Was mein Gott will ...
Hier ist das Bild, kurz vor seinem Tod aufgenommen.
Als Jesus das Kreuz erblickte ...
Deine Augen, Hessie. Deine Augen.
Der Friede sei mit euch!
Das Mädchen hat gewesen zäher als der Junge.
Du mächtige Jungfrau
Folglich ist auszuschalten alles minderwertige Leben.
O du Lamm Gottes ...

Mir ist schlecht. Wie der daliegt.
Legt den alten Menschen ab …
Wer hat die Unterhose vollgeschissen …
Sie ham schon wieder Besuch ghabt heut nacht.
Ian Brady IV
Wieviel hast jetzt du schon heut?
Ich bin PHWG.
Sie waren doch befreundet mit ihm.
Ian Brady V
Wie war das in Little Rock?
Du bist mein Freund.
Der Junge hat ganz offensichtlich versucht …
Geile Fotze das.
Ian Brady VI
Das ist aber schon ein sehr schönes Mädchen.
Sehnsucht, schwelgend und schwärmerisch.
Machts dir Spaß? Aufm Strich?
Warum hast du das rumerzählt über uns?
Eine Red muß ich führn mit Ihnen.
Mit Ihnen wurde der Kältetest gemacht?

# *Bremer Freiheit*

*Frau Geesche Gottfried*

Ein bürgerliches Trauerspiel

Personen

*Geesche Gottfried, zuletzt Unternehmerin*
*Miltenberger, ihr erster Mann*
*Timm, ihr Vater*
*Mutter*
*Gottfried, ihr zweiter Mann*
*Zimmermann, ein Freund*
*Rumpf, ein Freund*
*Johann, ihr Bruder*
*Bohm, ein Vetter*
*Luisa Mauer, eine Freundin*
*Pater Markus*

*Die Kinder weinen.*

*Miltenberger* Die Zeitung ... Kaffee ... Schnaps ... Fenster zu ... Ruhe! ... Ein Schmalzbrot ... Salz ... am 31.10.1814 beerdigen wir unsere liebe Mutter Clara Mathilde Beez, geborene Steinbacher, die uns der liebe Gott ... Schnaps ... Ruhe! ... Das Geschrei ist mein Tod ... mehr Kaffee ... also findet die Köpfung am folgenden Freitag, den 3.11.1814 am Marktplatze statt ... Schnaps ... Wenn ich Schnaps sage, dann meine ich die Flasche, Frau, und keinen Tropfen ... Und Prost ... Zigarre ... Feuer, ah ja ... Heiß ... Nur einmal ein friedlicher Abend in diesem Haushalt hier ... Ruhe! ... Fenster zu ... Schon wieder eine Geistererscheinung in Bremen ... Ach, man heizt eben einfach nicht so stark ein ... Immer wieder geschehen seltsame Dinge in dieser Stadt ... Richte den Schlaftrunk, der Kopfschmerz ... Ruhe! ... Die Medizin.

*Geesche* Ich will schlafen mit dir.

*Er schaut sie an, lange gefährliche Pause, dann legt er die Zeitung beiseite, steht langsam auf, geht auf Geesche zu, einen Moment fast das Gefühl, er will sie umarmen, dann schlägt er sie unheimlich brutal zusammen, bis sie schluchzend am Boden liegt, er steht über ihr.*

*Es klopft. Miltenberger öffnet die Tür. Gottfried, Zimmermann und Rumpf kommen herein. Sie sind stark betrunken, Gottfried bemerkt Geesche, geht zu ihr.*

*Zimmermann* Bruder, dein Haus lag auf dem Weg.

*Rumpf* Schnaps gibts in diesem Haus, als würd er hier gebrannt.

*Miltenberger* Für meine Freunde wohl. Machts euch bequem.

*Zimmermann* Das läßt man sich nicht zweimal sagen. In der kalten Bremer Nacht.

*Gottfried* Die Frau? Sie liegt danieder und weint.

*Miltenberger* Die Frau hat einen Schwächeanfall. Geesche! Schnaps!

*Geesche richtet sich langsam auf, tauscht einen Blick mit Gottfried, geht hinaus, um Schnaps zu holen.*

*Rumpf* Setz dich, Michael Christoph, setz dich. Man muß die Feste feiern, wie sie fallen.

*Zimmermann* Das Haus der Roten Leni ist geschlossen.

*Miltenberger* Ist geschlossen?

*Rumpf* Geschlossen! Es wurde entdeckt, daß drei der Frauen eine Seuche haben.

*Miltenberger* Eine … Seuche?

*Rumpf* Die Lustseuche, Johann Gerhard.

*Miltenberger* Die Lust … nein, das ist … welche Frauen?

*Zimmermann* Carmen.

*Miltenberger* Nein.

*Zimmermann* Gesine.

*Miltenberger* Nein.

*Zimmermann* Marliese Annegret.

*Miltenberger* Auch nein.

*Rumpf* Wir alle! Alle nein!

*Zimmermann* Doch mancher gute Bremer Bürger zeugt ein Kind, das syphilitisch ist.

*Sie lachen ungemein.*

*Miltenberger* Geesche!

*Eilig kommt Geesche herein, sie hat sich offensichtlich ein wenig hergerichtet. Sie serviert den Schnaps.*

*Miltenberger* Geh auf die Knie und bete für das Wohlergehen des Vaters deiner Kinder.

*Geesche geht vor dem Kruzifix auf die Knie, betet, die anderen lachen.*

*Zimmermann aus dem Lachen heraus* Da bringt ein Mann die Mutter seiner Kinder um, indem er sie erzwingt mit bloßen Händen, natürlich treten ihr die Augen vor, da sagt er kalt zu ihr, was Frau, da schaust.

*Lachen, sie saufen alle ungemein Wassergläser voll Schnaps.*

*Miltenberger* Da schläft ein Mann mit einer Frau und beißt in ihre Brust dabei. Und hinterher sagt er, behaupte ja nicht, daß das Kind von mir ist. Welches Kind? Du bist doch schwanger, weil die Brust schon Milch gibt. Milch? Ja, nie und nimmer, das war nur ein Furunkel, danke sehr! *Außer Gottfried lachen alle.* Wie meine Frau mich liebt, das müßt ihr sehen. Geesche! Komm her. Sag mal, ich liebe dich.

*Geesche* Ich liebe dich.

*Miltenberger* Sag, ich bin scharf auf dich.

*Geesche* Ich bin ... *Sie rennt weg, er rennt ihr hinterher, umarmt und küßt sie.*

*Miltenberger* Und jetzt!

*Geesche* *leise* Ich bin scharf auf dich.

*Alle lachen, Geesche weint.*

*Miltenberger* *setzt sich wieder* Die Frau, die weiß, wer Herr und Meister ist. Hol Schnaps. *Geesche geht hinaus.* Die Frau, die weiß, was Demut ist. Und doch, im Bett, bei allen Teufeln, ist diese Frau wie eine wild gewordene Stute. Die ist gemacht für einen starken Mann wie mich.

*Geesche kommt wieder herein, bringt die Flasche zum Tisch, Miltenberger packt sie, küßt sie, sie wehrt sich leicht, er läßt nicht nach. Sie saufen alle weiter.*

*Rumpf* Am Freitag ist eine Hinrichtung. Das ist schon selten geil, grad der Moment, bevor der Kopf ...

*Zimmermann* Ich bin schon oft in meinem Bett gelegen und hab gedacht, was denkt der Delinquent in diesem Augenblick, was fühlt er, was ... das ist schon Wahnsinn.

*Gottfried* Ich geh jetzt heim. Der Tag war lang.

*Er steht auf, die anderen folgen.*

*Rumpf* Nun gut. Bis morgen, Johann Gerhard. Geschäfte, Arbeit. Tja.

*Zimmermann* Bis nächstes Mal.

*Sie verabschieden sich alle voneinander. Die drei sind weg.*

*Miltenberger* Komm, Geesche.

*Sie kommt nicht. Er wankt auf sie zu. Sie versucht, ihm zu entweichen, er erwischt sie aber, drückt sie, tastet sie ab. Sie ekelt sich ganz offen.*

Du sollst nicht spinnen, Weib, du sollst noch lernen, wer der Herr im Hause ist und wer die Wünsche haben darf.

*Er schleppt und zieht sie ins Schlafzimmer, noch einmal schlägt er auf sie ein und küßt sie dann.*

*Lichtwechsel oder anderes.*

*Miltenberger kommt herein, schreit, weint zwischendurch.*

*Miltenberger* Hilfe! Ich brenne. Geesche! Geesche!

*Geesche kommt herein, sieht ihrem Mann traurig zu, der sich vor Schmerzen nicht mehr halten kann.*

So hilf mir doch. Hol einen Arzt!

*Geesche schüttelt langsam den Kopf, geht dann vor dem Kruzifix auf die Knie, singt*

Welt ade – ich bin dein müde
ich will nach dem Himmel zu
da wird sein der volle Friede
und die ewge Seelenruh.
Welt bei dir ist Krieg und Streit
Nichts denn lauter Eitelkeit
in dem Himmel allezeit
Friede, Freud und Seligkeit.

*Während Geesche singt, stirbt Miltenberger mit gräßlichen, fast tierischen Schreien und ein paar verstümmelten Worten:*

*Miltenberger* Geesche ... den Arzt ... ich liebe dich ... Geesche ... du kannst ... Geesche ... mein Bauch ... der ... der ... der Tod.

*Geesche dreht sich um, schlägt vor ihrem toten Mann das*

*Kreuz, kniet sich hin, betet stumm, schleift Miltenberger dann von der Bühne.*

*Geesches Vater, Timm, tritt auf, in Trauerkleidern, geht unruhig auf und ab.*

*Timm* Mein vielgeliebter ... ich möchte zu Erfahrung bringen ... das Kreuz des Todes ... So hat der liebe Gott ... Schmerz und Tränen ... hitziges Gallen ... noch mal ... am ersten dieses ... Geesche!

*Geesche kommt herein, auch im schwarzen Kleid.*

*Timm* Du läßt lange auf dich warten.

*Geesche* Verzeih Vater.

*Timm* Setz dich.

*Geesche setzt sich an den Tisch, nimmt Feder und Papier.*

*Timm* Am ersten dieses Monats ... endigte mein ... mein geliebter und unvergeßlicher Mann.

*Geesches Mutter kommt herein. Geesche läuft auf sie zu, sie umarmen sich, schluchzen beide.*

*Timm* Setz dich, Geesche. Erst die Arbeit.

*Geesche setzt sich. Ihre Mutter hockt sich auf einen Schemel, weint stumm vor sich hin.*

*Timm* Wo waren wir?

*Geesche* Mein geliebter und unvergeßlicher Mann ...

*Timm* Mein geliebter und unvergeßlicher Mann, Komma, Johann Gerhard Miltenberger, Komma, nach kaum vollbrachtem, wieviel?

*Geesche* Dreiunddreißig.

*Timm* Nach kaum vollbrachtem dreiunddreißigsten Lebensjahre, Komma, und im ... *er zählt* ... achten Jahre unserer vergnügt geführten Ehe, Komma, die mit vier Kindern gesegnet wurde, Komma, wovon ihm zwei vorangingen, Komma, beendete seine irdische Laufbahn an ... einem hitzigen Gallenfieber, ja, Punkt. Überzeugt, Klammer auf, auch ohne Beileidsbezeugungen, Klammer zu, daß jeder, Komma, der ihn kannte, Komma, den ... Schmerz und die Tränen ... gerecht finden wird, Komma, die ich mit denen, Komma, die sich seines näheren Umgangs erfreuten, Komma, an seinem Sarge, ja, wie, zolle?, zolle, Komma, füge ich nur noch ... wie sollen die Geschäfte weitergehen?

*Geesche* Ich werde Michael Christoph Gottfried bitten, Vater.

*Timm* Ein guter Mann, Geesche, für den Übergang. Danach, mein Kind, wird man Ersatz für immer suchen. Gut. Wie weit?

*Geesche* Füge ich nur noch ...

*Timm* Ja. Füge ich nur noch der Anzeige hinzu, Komma, daß die Geschäfte des Verewigten durch ein tüchtiges Subjekt fortgeführt, Komma, und ich mich bestreben werde, Komma, dem Zutrauen derjenigen zu entsprechen, Komma, die mich mit ihren gütigen Aufträgen beehren werden, Punkt. Geesche Maria Miltenberger, Komma, geborene Timm.

*Geesche* O Mutter!

*Sie springt auf, läuft zu ihrer Mutter. Sie umarmen sich. Der Vater überprüft das Geschriebene. Es klopft. Der Vater öffnet. Es kommen Gottfried, Zimmermann, Rumpf, Frau Mauer, evtl. noch andere zum Beileidwünschen.*

*Mauer* Geesche! Liebste, Arme!

*Geesche* Luisa.

*Rumpf unterbricht die sich umarmenden Frauen.*

*Rumpf* Sehr verehrte gnädige Frau, ich möchte Ihnen alle Freundschaft, Zuneigung und Rückhalt versprechen, die Sie verdienen.

*Geesche* Danke, Rumpf, danke.

*Zimmermann* Ich schließe mich an. Mein herzliches Beileid.

*Sie drückt ihm still die Hand.*

*Gottfried* Das meine ...

*Er drückt ihr stumm die Hand, sie sehen sich an.*

*Geesche* Eine Frage, Gottfried, seid Ihr bereit, die Geschäfte meines Mannes, wenigstens vorübergehend ... bitte.

*Gottfried* Ich werde mir ... Ja, gnädige Frau, ja.

*Sie stehen, wie versteinert, sehen sich in die Augen, alle außer Geesche und Gottfried verlassen die Bühne. Wenn sie leer ist*

*Geesche* Ich liebe dich.

*Sie umarmen sich, küssen sich.*

Ich ... ich habe so ... auf dich ... gewartet ... Michael.

*Licht an etc. und weiter.*

*Konstellation etwa wie zu Beginn zwischen Geesche und Miltenberger.*

*Gottfried* Der Arthur, der ist zu langsam. Der arbeitet zu wenig.

*Geesche* Der ist schon tüchtig.

*Gottfried* Zwar tüchtig, Geesche, aber langsam ... Kaffee ... Wenn einer langsam ist, mit dem, was er gelernt hat, Geesche, dann muß der Kopf des Unternehmers denken ... Ruhe ... denken, Geesche.

*Geesche* Sag schon, was denkt dein Kopf?

*Gottfried* Ich denke, der Betrieb, den muß man größer machen, sowieso. Wer nicht im Sinn hat, aufzusteigen, ist dem Tod doch nahe, der das Ende ist. Ich denke mir, wir stellen einen zweiten Sattler ein. Der Arthur macht die Wertarbeit für alte, eingesessene Bremer Bürger, der zweite dann, die schnelle Arbeit für den schnellen Kunden, der bald weiterzieht.

*Geesche* Ein zweiter Sattler? Der will bezahlt sein, Michael, braucht Unterkunft, braucht Essen.

*Gottfried* Denk einmal nach, wenn man von einem Sattler leben kann, muß man von zweien viel besser leben können.

*Geesche* Das leuchtet ein. Doch ...

*Gottfried* Kein doch, kein aber, Geesche, denn auch die Schwierigkeiten habe ich bedacht. Man muß den Kundenstamm erweitern, der die Sicherheiten gibt, das ist mir klar. Wie man das macht, wird man noch überlegen müssen. Es läßt sich doch ganz leicht errechnen, was man an Mehraufträgen braucht, bis man den zweiten Mann ertragreich macht für uns ... Papier ... Die Aufträge im Augenblick belaufen sich auf circa tausend Taler jeden Monat, das eigentlich ist schon zuviel für einen Mann. Die Pacht 200 Taler, die Arbeitskraft 250 Taler, 50 Taler Materialien, da bleiben uns 500 Taler monatlich. Für jede Arbeitsstunde, die der Arthur leistet, gehen an ihn, 15 Stunden Tag mal 26 Tage sind 390, das sind für ihn 65 Groschen für die Stunde, also das Doppelte für uns sind 130 Groschen. Verstanden?

*Geesche* Fast.

*Gottfried* Noch mal. Für eine Arbeitsstunde, die der Arthur leistet, erhält er 65 Groschen, du aber 130. Bei zweien bezahlt der Unternehmer 130 Groschen, verdient dann allerdings 260 Groschen für die Stunde.

*Geesche* So einfach ist das. Herrlich.

*Gottfried* Dein Mann war dumm. Wie kann man, wenn man Kapital im Rückhalt hat, sich selber an die Werkbank stellen. Was er an Arbeitslohn gespart, hat er an Gesundheit bald verloren ... Kaffee.

*Geesche holt ihm Kaffee, stellt ihn hin.*

*Gottfried* Zeitung ... Ruhe!

*Geesche bringt ihm die Zeitung.*

*Geesche* Ich liebe dich!

*Gottfried reagiert nicht, sie geht hinter ihn, streichelt seine Haare.*

*Gottfried* Bitte, Geesche. Es ist jetzt heller Tag. Die Liebe bleibt der Nacht behalten.

*Es klopft. Geesche macht auf. Es ist ihre Mutter. Sie umarmen sich, küssen sich. Gottfried legt die Zeitung beiseite, verabschiedet sich, geht hinaus.*

*Geesche* Herzlichen Glückwunsch zum Geburtstag, Mutter.

*Mutter* Geesche! Geesche.

*Geesche* Mutter?

*Mutter* Die Plag, die ich mit Vater hab, Kind.

*Geesche* Mit Vater?

*Mutter* Und auch mit mir, denn das Gespräch mit Gott ist mir erschwert. Ich sprach mit ihm und habe Schuld auf mich geladen.

*Geesche* Welche Schuld?

*Mutter* Die Schuld, daß ich gestatte, daß mein Kind wider die guten Sitten lebt.

*Geesche* Mutter!

*Geesche versucht, ihre Mutter zu umarmen, die wehrt ab.*

*Mutter* Nicht, Geesche, laß. Du lebst mit einem Mann zusammen, ohne das Sakrament zu haben, auf das der Christ doch nicht verzichten kann. Du bist den Kindern keine gute Mutter, wenn du ihnen diese Schande nicht ersparst.

*Geesche* Hör, Mutter, bitte. Ich tu nicht mehr, als mich mein Fühlen läßt. Ich liebe ihn und tu nicht schlecht.

*Mutter* Daß eine Frau den Mann ... den Mann ...

*Geesche* Liebt, Mutter. Sprich es aus.

*Mutter* Die Frau muß den Gedanken töten, wenn er sie befallen hat. Mein Kind. Als du so klein warst, habe ich dir nicht immer wieder erklärt, was Zunft und Ordnung ist für eine Frau. Du kannst doch nicht den Kopf des Mannes mit deinem Kopf vergleichen.

*Geesche schreit* Das ist nicht wahr! Mutter, du hast dein ganzes Leben falsch gedacht.

*Mutter* Geesche! Du versündigst dich.

*Geesche* Nein, Mutter, nein. Was ich zu sagen hab, ist keine Sünde. Ich liebe einen Mann und hab ihn immer schon geliebt.

*Mutter* Geesche!

*Geesche wird immer lauter und intensiver* Ich lieb ihn, Mutter, und was die Welt spricht, ist mir gleich. Ich will von diesem Mann bestiegen sein.

*Die Mutter schreit immer »Geesche, hör auf« rennt zur Tür, aber Geesche versperrt ihr den Weg.*

Nicht jetzt, jetzt bleibst du da und hörst mir zu. Ich will

den Mann in meinem Bett, ich schlaf nicht mit dem Sakrament, ich schlaf mit Armen, Schultern, mit Beinen schlaf ich, Mutter, mit …

*Mutter* Geesche!

*Geesche* Nein Mutter, was ihr sagt, betrifft mich nicht. Ich habe keinen Willen, Mutter, den ich kenne und durchzusetzen weiß. Was kann denn ich dafür, daß du dein Leben hergegeben hast für Dinge, die nicht die deinen sind.

*Lange Pause.*

*Mutter ganz ruhig* Die Sünde ist dir ins Gesicht geschrieben. Geesche, was du gesagt hast, wird das Gericht als Ketzerei bezeichnen.

*Geesche* Mutter, setz dich zu mir, ich lege meinen Kopf in deinen Schoß und bin dein kleines Kind wie früher. Komm, Mutter, bitte.

*Sie gehen und setzen sich, Geesche legt ihren Kopf in den Schoß ihrer Mutter.*

*Geesche* Schau, Mutter, du willst doch, daß dein Mädchen glücklich ist.

*Mutter* Ach Geesche, du weißt doch auch, das Glück kommt nur von Gott. Nur wer Gebote hält, die er gegeben hat, wird glücklich sein. Das Glück auf dieser Welt steht doch dem Glück der Ewigkeit im Weg.

*Geesche* Ich leb doch jetzt, Mama. Wer gibt dem Menschen für das Leben nach dem Tod denn eine Sicherheit.

*Mutter* Du bist schon ganz von bösen Geistern mit Besitz ergriffen, Geesche. Wer gottlos ist, ist keinen Streit mehr wert.

*Sie weint.*

*Geesche steht langsam auf, geht vor das Kruzifix, macht das Kreuzzeichen, geht zum Herd.*

*Geesche* Ich habe Kaffee. Ich geb dir eine Tasse, Mutter.

*Geesche gibt ihrer Mutter den Kaffee, man kann nicht sehen, ob sie etwas hineintut oder nicht.*

*Mutter* Mein Kind muß gottlos sein, mein Kind! Mit welcher Sünde hab ich das verdient. *Sie schlabbert diesen Text, während sie Kaffee trinkt.* Mir schwankt, ich geh jetzt heim und weine. Ich sprech mit Gott, daß er nicht allzu grausam mit dem Kind verfährt, das ihn verleumdet.

*Die alte Frau geht hinaus, weinend und schwankend. Geesche schüttet den Kaffee weg. Geht vor das Kruzifix in die Knie. Singt.*

*Geesche* Welt ade – ich bin dein müde
ich will nach dem Himmel zu
da wird sein der rechte Friede
und die ewge Seelenruh.

*Der Vater rennt total aufgeregt herein.*

*Timm* Geesche, die Mutter ist tot.

*Geesche dreht sich langsam um, fällt dann in Ohnmacht.*
*Der Vater trägt sie sehr zärtlich von der Bühne.*
*Licht aus, etc.*
*Gottfried tritt auf, er liest die Zeitung.*

*Gottfried* Ruhe! Mir langts jetzt langsam. Ruhe!

*Geesche tritt auf. Sie ist schwarz gekleidet. Sehr demütig.*
*Gottfried sieht sie an. Sie schaut weg, setzt sich, weint.*

*Gottfried* Dein Vater kann das. Hör mal. Am zweiten dieses Monats endete an ihrem Geburtstag meine teure geliebte Gattin, Geesche Margarethe Timm, geborene Schäfers, ihr tätiges Leben an einer innerlichen Entzündung. Ruhe!

*Geesche* Michael!

*Gottfried* Ist ja wahr. Verflucht.

*Geesche* Michael!

*Gottfried* Unter dem mannigfaltigen Wechsel des häuslichen Glücks verlebte ich 32 Jahre mit ihr, in der glücklichsten Eintracht einer zufriedenen Ehe, die mit zwei Kindern gesegnet wurde. Der Schmerz über ihren Verlust ist für mich ebenso untröstlich wie für dieses Leben unersetzlich. Nur Vertrauen auf die Vorsehung und Hinsicht auf ein besseres Leben können den Rest meiner Tage, die ich meinen Kindern und Enkeln widmen werde, nur noch einen Wert geben. Bremen, Johann Timm. Sauber. Das, Geesche, hebt das Geschäft.

*Sie dreht sich langsam zu ihm um, schaut auf.*

*Geesche* Kannst du dir Mutters Leben vorstellen, Michael? Nein? Vater schreibt, »in der glücklichsten Eintracht einer zufriedenen Ehe«. O nein, da war kein Glück ein Leben lang, das Mutter hatte. Das Glück, das Mutter meinte, liegt im Himmelreich, denn hier auf Erden, da war sie Vaters Haustier, da hatte sie zu tun, was ihr befohlen war. Da war die Freiheit, die sie hatte, ihr Gespräch mit Gott. Das nennt man dann eine zufriedene Ehe. Weil da ein Wesen war, das niemals einen eigenen Willen hatte, das ihm die Wünsche von der Stirn ablas, das er nach seinem Willen lieben oder schlagen konnte. Das war bequem für Vater, das nennt er jetzt Verlust. Das war kein Leben, Michael, das Mutter führte, da ist der Tod ein Glück für einen Menschen.

*Gottfried* Kaffee und Brot ... Du denkst zuviel für eine Frau. Das strengt den Kopf an, Geesche, macht graue Haare, Falten.

*Sie dreht sich um, schaut ihn lange an. Er ist mit der Zeitung beschäftigt.*

*Gottfried* Geesche?!

*Geesche* Ja?

*Gottfried* Ich ... ich sags nicht gern und weiß ... egal ... Ich werd mir wieder eine eigne Wohnung suchen.

*Geesche faßt sich ans Herz, eine ganz kleine Geste.*

*Gottfried* Ich kann den Lärm der Kinder nicht ertragen, Geesche. Ich brauch auch eine Frau, mit der ich eigne Kinder haben kann. Ich kann es nicht ertragen, Geesche, die Kinder eines anderen Mannes im Haus zu sehen. Ich kann so vieles nicht ertragen, Geesche, ich brauch ein junges Mädchen, das noch unerfahren ist, die nicht so viel im Kopf hat, weißt du, die lieb und fleißig ist. Ich werd dir dein Geschäft schon weiterleiten, solange du es nötig hast, doch ... *Er schaut sie an ...* Tja.

*Geesche zwischen Hysterie und Ohnmacht, ungemein intensiv* Du hast gesagt, du liebst mich. Oft.

*Gottfried* Ja, Geesche, jedoch ...

*Geesche* Nein! Du liebst mich, sagst du, und sagst, du kannst so vieles nicht ertragen. Ja?

*Gottfried* Ja, Geesche. Ich liebe dich. Ich liebe deine Leidenschaft, ich schätze den Verstand in deinem Kopf und doch ...

*Geesche* Was gibt es auf der Welt, das wichtiger als eine Liebe ist? Du findest einen Menschen, den du liebst, ja meinst du denn, daß das so häufig ist. Das ist so selten, Michael, daß man verzweifeln kann.

*Gottfried* Der Lauf der Welt wird doch von Liebe nicht bestimmt. Was das betrifft, da ist der Kopf der Frau schon leicht verwirrt.

*Geesche* Nein, Michael, das Leben, das man führt, ist nur mit einer Heimat zu ertragen. Die Heimat einer Frau, das ist der Mann.

*Gottfried* Du bist verzweifelt, Geesche. Du wirst dich wiederfinden.

*Geesche* Du bist gemein. O Gott, bist du gemein.

*Gottfried* Glaub mir, nichts wird so heiß gegessen wies gekocht wird, nichts.

*Geesche einfach* Hast du schon eine?

*Gottfried* Nein, Geesche. Aber ich werd die Augen auftun, werd Mädchen kennenlernen, wägen. Was ich zu leicht befinde, werf ich weg.

*Geesche fällt ihm um den Hals, weint, er streichelt sie.*

*Gottfried* Beruhige dich. Auch dir wird wieder Glück beschieden sein. Du hast doch Geld und eine Firma einzubringen. Glaub mir, das zieht ... Die Firma funktioniert, wirft einen reichlichen Ertrag ab, kann sich steigern. Geesche! Es wird sich einer finden, der dir alles wird.

*Geesche* Ich liebe dich. Ich liebe deine Hände, ich will von dir gestreichelt sein. Ich will dich in mir spüren, ich brauche deine Leidenschaft. Schon der Gedanke, daß du gehst, das schmerzt so ungemein. Hast du schon mal den Schmerz gespürt, den man im Bauch hat bei Verzweiflung? Nie? Das mußt du kennenlernen, das macht dich vieles anders sehen. *Pause.* Verlaß mich nicht.

*Gottfried* Schau, Geesche, ich sehne mich nach einem anderen Leben. Ich bin ein Mann, ein Mann hat Wünsche, die der Frau nicht beizubringen sind. Kannst du die Sehnsucht nach dem eignen Kind nicht nachvollziehen?

*Geesche* Wir können eigne Kinder haben, bitte! Wir sind doch fruchtbar, beide. Was hindert uns, ein Kind zu haben, Michael?

*Gottfried* Gott, Geesche, ich möchte meine Kinder nicht zwischen denen deines Mannes aufwachsen sehen. Ich möchte ihnen eine eigne Heimat bauen, ein Leben, das sie stolz und aufrecht macht.

*Geesche* Ich versteh die Welt nicht mehr. Da lieben sich zwei Menschen und haben keine Möglichkeit.

*Gottfried* Du wirst vergessen können. Ich geh jetzt in die Stadt, um was zu trinken. Bis bald.

*Geesche* Geh nicht fort.

*Gottfried dreht sich in der Tür um, schüttelt den Kopf, geht dann fort. Von außen schreien und weinen die Kinder. Geesche bricht weinend zusammen, fängt sich dann, geht zu den Kindern hinaus, die nach einèm Moment noch schlimmer schreien. Geesche kommt herein. Kniet sich vor dem Kruzifix nieder, beginnt zu singen. Während der zweiten Strophe sind die Kinder plötzlich still. Totenstill.*

*Geesche* Welt ade – ich bin dein müde
ich will nach dem Himmel zu

da wird sein der rechte Friede
und die ewge Seelenruh.

Welt bei dir ist Krieg und Streit
nichts denn lauter Eitelkeit
in dem Himmel allezeit
Friede, Freud und Seligkeit.

Und ich werde dahinkommen
bin ich aller Krankheit los
ist mir aller Schmerz genommen
ruhe sanft in Gottes Schoß.

Welt bei dir ist Angst und Not
endlich gar der bittre Tod
aber dort ist allezeit
Friede, Freud und Seligkeit.

*Licht aus etc.*
*Pause.*
*Geesche, Timm und Gottfried kommen von der Beerdigung der Kinder.*

*Timm* Dem Haus geschieht sein Unglück recht.

*Geesche* Vater!

*Timm* Ich weiß schon, was ich sage, Geesche. Wo wider seine Gebote gehandelt wird, straft Gott.

*Geesche* Hör auf jetzt. Du bist ein alter Mann, verstehst die Welt nicht mehr. Geh heim.

*Timm* Ja. So reden die Kinder heut mit ihren Eltern. Da ist das Alter nicht geachtet, da sind Erfahrung, Wissen lästig. Nein, Geesche, so wirst du nie zur Ruhe kommen.

*Geesche* Die Ruhe, Vater, ist der Tod. Ich möchte leben, Vater, nach Ruhe kann ich mich nicht sehnen.

*Timm* Ich habe keine Frau gekannt, in meinem Leben, die so gesprochen hätte. Womit hab ich verdient, daß grad mein Kind so gotteslästerlich die Stirn dem Vater bietet?

*Geesche* Ich biete nicht die Stirn. Ich habe eine Meinung, Vater.

*Timm* Die Frau, die eine eigene Meinung hat, kennt die Gesetze nicht, die das verbieten. Und Ihr, Gottfried, habt Ihr mir nichts zu sagen? *Pause.* Das Schweigen ist beredt genug. Ihr habt Euch hier in ein Geschäft gesetzt, nehmt grade noch den Vorteil wahr, den es Euch bietet. Ihr lebt davon und gut. Was nötig war, daß Ihr der Frau, die Euch die Möglichkeit gibt, so leicht zu leben, die Ehe bietet, so weit geht Euer Interesse nicht am Leben dieser Frau. Ihr macht aus meiner Tochter eine Hur, sie ist zu dumm, um das zu sehen. Ihr aber seid ein Mann und habt Verstand. Was Ihr tut, nennt man bei Moral im Herz: Verbrechen!

*Geesche* Vater!

*Timm* Unterbrich Gespräche unter Männern nicht. Habt Ihr zu meiner Rede nichts zu sagen? Gottfried! Ich lebte dennoch fest im Glauben, Ihr seid ein Ehrenmann.

*Geesche* Laß, Vater, bitte. Er wird sich schon entscheiden, wenn er kann. Er ist noch nicht so weit, daß er mit einer festen Bindung leben kann.

*Timm* Ist das ein Mann, der durch den Mund der Frau erklären läßt?

*Geesche* Ach Vater, laß uns doch unser Leben richten, wie wir können. Wir werden die Gesetze achten, gewiß.

*Timm* Ich will nicht weiterreden, wo es so sinnlos ist wie hier. So wenig Achtung vor der herrschenden Moral in den Köpfen zweier Menschen, da wird ein Leid dem andern folgen, ein Schmerz dem nächsten. Und ich, ich wünsch es Euch, daß Euch die Tränen denken machen, die Ihr weinen müßt.

*Geesche* O Vater.

*Timm* Bevor hier keine Ordnung eingekehrt in dieses Haus, solange hast du keinen Vater mehr, vergiß das nicht. Jetzt bist du ganz allein auf dieser Welt, mein

Kind, denn dieser Mensch nützt dich nur aus, zu geben ist er nicht bereit.

*Timm geht müde und kopfschüttelnd hinaus.*

*Geesche* Vater! Verzeih ihm! Michael. Das Leid der letzten Jahre hat ihm den Sinn verwirrt. Es hat ihn ungerecht gemacht. Der Schwiegersohn zuerst, die Frau und jetzt zwei Enkel, da stellt sich der Starrsinn ein. Verzeih ihm, bitte.

*Gottfried* Ja, Geesche. Ich hab ihm schon verziehen. Gewiß.

*Pause.*

*Geesche* Michael?

*Gottfried* Ja?

*Geesche* Im Grunde ... was Vater sagt ... das ist schon richtig.

*Gottfried* Wie meinst du das?

*Geesche* Ich meine ... im Grunde ... wenn wir ... du und ich ...

*Gottfried* Heiraten?

*Geesche nickt stumm.*

*Gottfried* Nein, Geesche. Nicht jetzt und ich will ehrlich sein, vielleicht auch nie. Ich kenn mich nicht mehr aus mit dir und was ich wirklich fühle. Ich weiß, ich liebe dich und doch ...

*Geesche* Und doch?

*Gottfried* Ich kann mir vorstellen, ohne dich zu leben. Ich hab mir immer so gedacht, bei einer Liebe, einer wirklich großen Liebe, da kann man sich überhaupt nicht vorstellen, ohne den anderen zu sein.

*Geesche* Ich kann das nicht. Aber ich ... ich zähl ja nicht.

*Gottfried* Das ist nicht wahr. Du zählst. Ich bin doch da, ich respektiere deine Liebe und dein Leid. Ich wär doch sonst gegangen ohnehin. Ich hab gedacht, jetzt hat sie ihre beiden Kinder begraben, jetzt kannst du sie nicht auch im Stich lassen. Ich hab an dich gedacht und nicht an mich. Auf meine Art, da hab ich dich schon lieb.

*Geesche hat während dieser Rede leise zu schluchzen angefangen. Gottfried geht zu ihr, umarmt sie, streichelt sie.*
*Licht aus oder ähnliches.*
*Licht an.*
*Geesche und Gottfried stehen umarmt wie zum Ende der letzten Szene.*

*Geesche* Wir bekommen ein Kind.
*Gottfried schmeißt sie aufs Sofa.*

*Gottfried* Sag das noch einmal.

*Geesche* Wir bekommen ein Kind, Michael, unser Kind.

*Gottfried* Du hast doch immer gesagt, du nimmst das Pessar.

*Geesche* Es ist doch da passiert, wie du einen Tag zu früh von Hannover zurückgekommen bist. Da hab ichs doch nicht wissen können.

*Gottfried* Das ist Betrug, Geesche. Betrug, verstehst, wenn man den Mann glauben macht, er kann mit einem ohne Sorge schlafen und ... o, ich Idiot, ich bin auf so was reingefallen.

*Geesche* Schau, wie du reagierst, das hätt ich wissen müssen.

*Gottfried macht sie nach* Das hättst du wissen müssen, hättst du wissen müssen. Gott, bist du dumm. Ein bißchen den Verstand gebraucht, dann hättst du schon gesehen, daß ich im Grund nicht will.

*Geesche* O Michael.

*Gottfried* Schau dich doch an.
*Er packt sie, schleift sie vor einen Spiegel.*
Schau dich doch an, ist das etwas, mit dem man ewig leben möchte? Mit dieser dürren Fratze, mit diesem Ausdruck im Gesicht.
*Er schmeißt sie auf den Boden.*
Mein Gott, du widerst mich so an. Ich hätte ahnen müssen, daß sich der Mensch so ekeln kann vor einem anderen Menschen, dann hätt ich schon gewußt, daß du der Mensch in meinem Leben bist.

*Geesche richtet sich langsam auf, schaut in den Spiegel, richtet sich die Haare.*

*Geesche* Nun gut, es ist nun mal geschehen. Was denkst du jetzt zu tun?

*Gottfried* Schau dich doch an, wie hart du bist. Ein echtes Weib, das müßte jetzt zerstört am Boden liegen, zerstört, und müßte heiße Tränen weinen.

*Geesche* Was würde mir das nützen, Michael? Ja? Was würde mir das nützen?

*Gottfried* Daß man ein wenig Mitleid haben könnte, denn Mitleid kann man leicht für Liebe halten.

*Geesche* Ich brauch kein Mitleid, Michael. Und außerdem, was ich geweint hab, Mutter Gottes. Du bist dabeigesessen, hast gelesen und nicht einmal gemerkt, was in dem Menschen vorgeht, der dich liebt. Du sagst, du ekelst dich, das ist schon recht. Und trotzdem, Michael, ich trag ein Kind im Bauch, das ist von dir, du mußt schon wissen, was du jetzt zu tun gedenkst, denn die Veränderung wird man schon bald bemerken.

*Gottfried* Ich will mit all dem nichts zu schaffen haben.

*Er rennt hinaus, sie rennt ihm nach.*

*Geesche* Michael!

*Licht aus. Geesche führt Gottfried auf die Bühne. Gottfried stöhnt und zittert. Sie ist sehr zärtlich. Sie rückt ihm das Sofa zurecht, deckt ihn zu.*

*Geesche* Pater Markus muß gleich kommen, Michael. Möchtest du noch etwas trinken? Ich hab dich so lieb. Glaub mir, du wirst bald wieder gesund. Das dauert keine Ewigkeit.

*Es klopft. Geesche läuft zur Tür, öffnet. Pater Markus kommt.*

*Markus* Es ging nicht schneller. *Er setzt sich zu Gottfried.* Guten Tag, Herr Gottfried, Schmerzen?

*Gottfried nickt.*

Sie können von Glück sagen, daß die Frau so für Sie da ist. Da kenn ich Fälle, sag ich Ihnen. Nun, wie auch immer. Da weiß keiner so leicht, was er verdient, was nicht. Seid Ihr bereit?

*Geesche* Ja, Pater, ja.

*Markus* Ich bin gekommen, um Euch das Sakrament der Ehe auf den Weg zu geben. Johann Michael Gottfried, seid Ihr bereit, die hier anwesende Margarete Geesche …?

*Geesche* Miltenberger, geborene Timm.

*Markus* Ah ja, die hier anwesende Margarete Geesche Miltenberger, geborene Timm, zur Frau zu nehmen und Ihr treu zu sein, bis daß der Tod Euch scheidet, so sprecht ein ja.

*Gottfried mit Schwierigkeiten* Ja.

*Markus* Und Ihr Margarete Geesche Miltenberger, seid Ihr bereit, den hier anwesenden Johann Michael Gottfried zum Mann zu nehmen und ihm treu zu dienen, bis daß der Tod Euch scheidet, so sprecht ein deutliches Ja.

*Geesche* Ja.

*Markus* So erklär ich Euch hiermit zu Mann und Frau, bis daß der Tod Euch scheidet.

*Gottfried stirbt.*

*Geesche* Pater! *Sie geht auf die Knie, fällt über Gottfried, schaut auf.*

*Geesche* Er ist tot.

*Markus* Die Ehe gilt, da ist nichts mehr zu ändern.

*Geesche* Er ist tot, Pater, tot. *Sie wälzt sich auf dem Boden, der Pater schlägt ein Kreuz.* Tot, tot, tot. Er ist tot. *Sie fängt sich.* Singt ein Lied mit mir. *Sie knien vor dem Kruzifix nieder.*

*Geesche und Markus Song 2stimmig.*

*Geesche* Ich möchte beichten, Pater.

*Markus* Ich bin bereit.

*Geesche* Ich hab ihm Gift gegeben, Pater, daß er erkrankt und so dem Kind, das ich von ihm am Herzen trag, seinen Namen gibt. Ich habe ihn nicht sterben sehen wollen, Pater. Es war ein Zufall, Pater, der liebe Gott kennt die Gedanken, die in meinem Kopf zu Haus. Vier Monate trag ich das Kind am Herzen, und der Vater weigert sich, es seins zu nennen, das ist verzweifelnd für die Frau, mein Vater, da kommen so Gedanken, die man nicht mehr zügeln kann. Da wird man hemmungslos im Geist, da wird das Böse gut, das Gute schlecht. Da weint man nächtelang ins Kissen und bittet Gott um Hilfe, die nicht kommt. Könnt Ihr Euch vorstellen, wie allein man ist, wenn keiner einen hört, wie einsam, Pater, wie ganz und gar verlassen? Da ist kein Gott, der diesen Zustand kennt und rächend seinen Blick auf eine arme Frau richten könnt. Die Einsamkeit, mein Vater, ist das Schlimmste auf der Welt.

*Timm kommt herein, der Pater steht auf.*

*Markus* Ihr kommt zu spät. Ich habe Eure Tochter mit dem Michael Christoph Gottfried getraut, der kurz darauf verstarb.

*Geesche* O Vater.

*Sie läuft zu ihrem Vater, umarmt ihn.*

*Timm* Mein Kind. Mein armes, armes Kind.

*Markus* Ich krieg noch 20 Gulden für die Arbeit, die ich abgeleistet hab.

*Geesche kriegt einen hysterischen Lachkrampf, der Pater schlägt ein Kreuz.*

*Timm* Kommt mit zu mir, ich will Euch zahlen, was Ihr verdient.

*Die beiden gehen von der Bühne. Geesche fängt sich wieder. Sie küßt den toten Gottfried auf die Stirn, schleppt ihn dann hinaus, sehr mühsam, sobald sie draußen ist, ein unmenschlicher Schrei; Geesche hat eine Fehlgeburt.*

*Licht aus, etc.*

*Geesche tritt auf mit Timm und Bohm.*

*Timm* Geesche, mach Kaffee, zeig, was du kannst, damit Herr Bohm sich hier zu Hause fühlen kann. Er ist ein Neffe aus Hannover und Sattler.

*Geesche* Sattler?

*Timm* Sattler, Geesche. Ich glaube, du verstehst mich schon. Ich hab gedacht, daß er die Firma übernehmen könnte, frei raus, und außerdem sieht er dich gern.

*Geesche* Er?

*Timm* Er hat, frei raus, um deine Hand gebeten, Geesche, er ist ein Ehrenmann. Ich hab, mit Freud im Herzen, zugesagt. Dein Leben soll fürderhin in einer ruhigen Bahn verlaufen. Des Chaos ist's genug, des Leids, der Schmach.

*Geesche* O Vater. Dein Kind ist über die Gesetze rausgewachsen, die herrschen. Dein Kind will sich den Mann, den es im Bett hat, selber suchen.

*Timm* Geesche!

*Geesche* Nein, Vater, nicht schrein.

*Timm* Ich schrei mit meiner Tochter, wann ich will. Glaubst du, als Frau kannst du die Firma leiten? Glaubst du das wirklich?

*Geesche* Ja, Vater, ich bin ganz sicher. Von Geschäften, Vater, versteh ich mehr als jedermann, gewiß. Und ich bin nicht bereit, sie aus der Hand zu geben.

*Timm* Ich habe deinem ersten Mann 1200 Taler anvertraut, daß er die Sattlerei eröffnen konnte. 1200 Taler! In deiner Firma, Geesche, steckt mein Geld.

*Geesche* Ich hab genug, ich zahl dich aus.

*Timm* Nein, Geesche! Ich bin hier nicht zum Diskutieren gekommen. Ich bin gekommen, um der Entscheidung Durchbruch zu verleihen, die ich getroffen.

*Geesche* Ich höre, was du sagst, und dennoch werd ich nicht gehorchen, Vater. Ich bin ein Mensch wie jeder andre auch und kann mich frei entscheiden. Mir ist im Augenblick nicht nach dem Mann, nach diesem nicht und keinem andern. Wenn sich mein Schoß nach etwas sehnt, wie einem Mann, werd ich mir einen suchen.

*Timm* Pfui, Geesche. Man muß sich schämen für die Reden, die du führst.

*Geesche* Ach Vater, wenn du dich für die Ehrlichkeit schon schämen mußt.

*Timm* Ich werd dich zwingen, Geesche. Ich werde vor Gericht beweisen, was die Rechte eines Vaters sind.

*Geesche* Hier, trinkt Kaffee, und faßt euch wieder.

*Timm und Bohm trinken Kaffee.*

*Geesche* Das kann Euch doch nichts nützen, Vetter, wenn die Frau nicht will.

*Bohm* Nein. *Er schaut zu Timm, der böse schaut.* Doch.

*Geesche* Nein oder doch?

*Bohm* Nein.

*Geesche* Na also, bitte. Der Vetter, Vater, hat Verstand im Kopf. Der weiß die Lage zu beurteilen, die er vor sich sieht. Meinst du, er hätt ein schönes Leben bei einer Frau, die ihn nicht liebt? Die brennt das Essen an, panscht ihm den Schnaps, macht ihm den Kaffee bitter und bei der Liebe liegt sie wie ein Brett. Was hat der Mann davon, wenn er dies Leben führen muß.

*Bohm* Ich will die Frau nicht, Vater Timm, nicht mehr, die ist zu klug für einen Mann wie mich. Ich muß der Herrscher sein in meinem Haushalt, Vater Timm, hier wär ich lediglich der Knecht.

*Timm* Kommt, Bohm, wir gehn. Du wirst mir die Schande büßen, die du mir antust, Geesche, du wirst es büßen.

*Geesche* Du läßt mich nichts mehr büßen, Vater, nimmermehr.

*Als die beiden draußen sind, schlägt Geesche vor dem Kruzifix das Kreuz.*

*Song.*

*Während des Songs erscheint Zimmermann. Geesche bemerkt ihn nicht, er schleicht sich von hinten an sie heran, umarmt sie, Geesche erschrickt, aber sie liegen am Boden und küssen sich.*

*Geesche* Zimmermann! Du könntest einen ja zu Tod erschrecken.

*Zimmermann* Du bist ein Weib, das stirbt nicht leicht.

*Geesche* O Wahnsinn, das ist gut, o ...

*Zimmermann* Ich ... liebe dich.

*Geesche* Komm. Laß uns vernünftig sein. Es kommt Besuch ... vielleicht ... und dann ...?

*Zimmermann* Nun gut ... Ach Geesche, es ist schon schrecklich.

*Geesche* Schrecklich? Was?

*Zimmermann* Ich muß es dir sagen, irgendwann.

*Geesche* Sag schon. Sag einfach, was du auf dem Herzen hast. Es läßt sich immer eine Lösung finden. Immer.

*Zimmermann* Also, mein Bruder, der ... nein, so ist es falsch erzählt. Mein Vater, der starb und hat den beiden Söhnen 20000 Taler hinterlassen, auf daß sie sich ein Leben baun, das sie erfüllt. Ich hatte das Geschäft von meiner Frau und hab es nicht gebraucht, das Geld. Mein Bruder nun, der 14 Jahre jünger ist als ich, nein, das ist wieder falsch. Das Geld, von dem ich erst gesprochen, das ist genau das Geld, das ich dir lieh. So weit, so gut. Mein Bruder nun, der will, der hat ein Angebot für ein Objekt, das er mit 20000 Talern anbezahlen könnte. Ja, Geesche, es mag wohl bitter sein im Augenblick, doch Vaters Testament, ich will es achten. Du bist ja klug und wirst verstehen können.

*Geesche* Du brauchst dein Geld zurück, die 20000 Taler?

*Zimmermann* Es muß schon sein, weil doch mein Bruder, Geesche, der ...

*Geesche* Was du gesagt hast, hab ich wohl verstanden, allein ... es wird nicht möglich sein.

*Zimmermann* Nicht möglich, Geesche?

*Geesche* Nicht möglich, Zimmermann. Schau mal, ich hab das Geld doch investiert, in eine neue Werkbank, Geräte, lauter neue Sachen. Zwar kann man den Gewinn vergrößern, doch ... bislang wars noch nicht soweit.

*Zimmermann* Ich glaube, du verstehst mich schlecht, es

handelt sich um keine Bitte, die ich habe, Geesche, es handelt sich um eine Forderung.

*Geesche* Um eine Forderung, gewiß, doch wo nichts ist, kann man nichts nehmen.

*Zimmermann* Ich will mein Geld zurück, du wirst verkaufen müssen, Geesche, wie du es machst, das ist mir gleich. Ich will mein Geld, und da besteh ich drauf.

*Geesche* Du liebst mich doch.

*Zimmermann* Wo es um Geld geht, muß man die Liebe schnell vergessen, Geesche.

*Geesche* Nein, Zimmermann, ich frag doch erst, ob du mich liebst.

*Zimmermann* Das hat mit meinem Geld gar nichts zu tun, ob ich dich liebe oder nicht.

*Geesche* Trink den Kaffee und laß uns das Problem in Ruhe kalt erörtern.

*Zimmermann* *setzt sich, trinkt* Nun gut. Was hast du vorzuschlagen?

*Geesche* Schau, Zimmermann, es ist ganz einfach. Im Monat macht die Firma Gewinn ... 800 Taler, die Hälfte davon, ja die Hälfte brauche ich zum Leben, zum Unterhalt des Hauses, für Kleider und so weiter. Die andere Hälfte davon, 400 Taler, die kann ich dir zurückerstatten regelmäßig, das ist mein Angebot.

*Zimmermann* Das Angebot ist lächerlich, das würde dauern ... pro Jahr 4800 Taler, 5 Jahre fast, da ... das ist wirklich lächerlich.

*Zimmermann* Schau Zimmermann, du hast mir doch das Geld gegeben und hast von Rückzahlung nichts gesagt.

*Zimmermann* Das war im Feuer meiner Liebe, Geesche, da sagt man viel, und manchmal macht man dann auch dumme Sachen. Bis Freitag will ich Nachricht, wann du das Geld zurückerstatten willst, drei Monate, das ist das längste, was ich warte, im andern Fall laß ich die Sattlerei verpfänden, Geesche, du wirst mich kennenlernen. *Er steht auf.*

*Geesche* Ich bring dich noch hinaus und wünsche dir viel Glück. *Im Hinausgehen summt sie die Melodie.*

*Geesche tritt mit ihrem Bruder, Johann Timm, auf.*

*Geesche* In diesem Haus ist immer Trauer, Johann, fast immer.

*Johann* Wie ...?

*Geesche* Du meinst, wie konnte das geschehen? Den Grund kann ich nicht sagen, die Reihenfolge wohl. Erst starb mein lieber Mann, Johann Gerhard Miltenberger, an einem Gallenfieber, und kurz darauf die Mutter, Johann, innerliche Entzündung, dann starben meine beiden Kinder, Johanna und Adelheid, an einer Brustkrankheit und Nervenfieber, dann wars mein zweiter Mann, Michael Christoph Gottfried, nach kurzem Krankenlager, und dann zuletzt der Vater, ohne Grund, er war schon alt und hat die Jahre wohl gespürt, die er auf dieser Welt verbracht. Ach, Johann, du warst so lange fort und mußt erschüttert vor dem Leid der Deinen stehn.

*Johann* Ja, Geesche. Ich hab geglaubt, ich komme heim, find die Familie, wie ich sie verlassen hab. Wenn man so fort ist von zu Hause, dann denkt man sich so Sachen aus, wies denen geht, die man daheim zurückgelassen. Ich hab so viele sterben sehn, im Krieg, der Tod kann mich auch nicht mehr erschüttern. Nur der Verlust, das ist schon schlimm, die Eltern, Schwager, Nichten. Ich bin nur froh, daß du zurückgeblieben bist. Wenn ich gekommen wär, und keiner würd mehr leben, und keiner würde sich an Johann Timm erinnern, wie hätt ich das ertragen können.

*Geesche* Ach Johann!

*Johann* Geesche! *Sie umarmen sich.* Mein kleines Schwesterlein. Wie hast du leiden müssen. Wie viele Tränen haben diese Augen weinen müssen. Ich wollt nur kurz in Bremen bleiben, wollt wieder fort und einen neuen Krieg mir suchen, doch jetzt, ich kann die Schwester nicht alleine lassen, der Frau die schwere Arbeit lassen, ich werd die Firma übernehmen, verlaß dich drauf.

*Geesche* Nein!

*Erschreckter Aufschrei.*

*Johann* Nein! Geesche!

*Geesche* Ach weißt du, Johann, ich hab das Wissen ums Geschäft mir erst erkämpfen müssen, ich habe lernen müssen, und da das Schicksal mich so ganz allein auf dieser Welt gelassen hat, ist jetzt ... die Firma ... mein Leben, Johann. Versteh mich recht, du sollst den Anteil haben, der dir zusteht, ich möchte nichts für mich, was mir nicht auch gehört, doch ganz gewiß, die Arbeit laß ich mir nicht nehmen, bitte.

*Johann* Ach Schwesterchen, du bist doch eine Frau. Als Frau kann man zwar vieles lernen, doch niemals Spaß an Arbeit haben. Du wirst dich schon wieder dran gewöhnen, daß nur der Haushalt deinen Kopf erfüllt, wirst Lieder singen am Herd, die Arbeit macht nur hart, verdirbt die weichen Züge einer Frau, du willst doch wieder einen Mann im Herzen haben, Geesche.

*Geesche* Der Mann, den ich im Herzen haben möchte, wie der gemacht sein muß, das will ich dir sagen. Der Mann muß akzeptieren, daß die Frau Verstand in ihrem Kopf hat und Vernunft. Kann sein, daß dieser Mann noch nicht geboren ist, so werd ich mich enthalten können.

*Johann* Geesche, ich ...

*Geesche* Laß mich zu Ende sprechen, Johann, dafür war ich auf dieser Erde, daß ich Gedanken haben und zu Ende sprechen darf. Ganz ruhig, Johann, ruhig. Hör mir zu. Ich werde die Geschäfte nicht aus meinen Händen geben. Nie. Ich werd mein Leben leben wie ich will. Sein Leben leben, Johann, das soll das Streben aller Menschen sein. Und eine Frau, das ist ein Mensch, auch wenn es viel zu wenig Männer oder Frauen gibt, die das schon wüßten.

*Johann* Du machst mir meinen Kopf schwer, Geesche. Was du da sagst, kann ich nicht akzeptieren.

*Geesche* Das wirst du lernen, Johann, oder du wirst gehen.

*Johann schreit* Ich geh, wann ich will, Geesche, und tue, was ich will. Und eine Frau, das ist das letzte Ding, von dem ich mir was sagen ließe. Und meine Schwester noch dazu. Ich werd die Firma übernehmen, Geesche, wie ich hier sitze. Das ist mein letzes Wort. Mehr bin ich nicht bereit dazu zu sagen.

*Geesche* Ich geb dir eine Tasse Tee, daß du dich aufwärmst, Bruder. *Sie steht auf, gießt ihm eine Tasse Tee ein.*

*Johann* Siehst du, das lob ich mir bei einer Frau, das muß sie sein, fleißig und strebsam. Doch denken mit dem Kopf, wo soll das enden.

*Geesche gibt ihm Tee, tut ihm Zucker hinein, rührt um, er trinkt die Tasse in einem Zug aus.*

*Johann* Ich geh jetzt schlafen, Geesche, weck mich bitte früh, ich möcht die Arbeit kennenlernen.

*Er geht hinaus. Geesche schlägt vor dem Kruzifix ein Kreuz, fängt das Lied an zu singen, aber schon schnell geht das Licht aus.*

*Licht an etc.*

*Frau Luisa Mauer tritt auf.*

*Geesche* Luisa, Liebste!

*Luisa* Geesche! Ach, du wirst immer jünger und schöner. Wie machst du das?

*Geesche* Das ist die Freiheit, Liebste, die Freiheit ganz allein.

*Luisa* Ja? Wie köstlich. Da bist du sicher?

*Geesche* Ganz sicher, Liebste, setz dich doch.

*Luisa* Wer soviel Leid und Unglück hat wie du und sich dabei so hält, der …

*Geesche* Ja?

*Luisa* Der hat den Teufel auf seiner Seite, nicht?

*Geesche* Den Teufel?

*Luisa* Ja, meine Gute. Als Frau muß man sich das Wohlergehen der so geschmerzten Kreatur doch irgendwie erklären. Ein Täßchen Kaffee, Geesche, bitte. Und daß du immer wieder Männer findest, die freiwillig in deine Hölle kommen, schrecklich.

*Geesche* Schrecklich?

*Luisa* Schrecklich aufregend natürlich. Ich hab schon oft mit meinem Friedrich eine Wette abgeschlossen, wer wohl der nächste Tote ist in diesem Haus. Es ist schon spannend, Liebste, und trotzdem immer wieder überraschend, wirklich.

*Geesche Kaffee*

Bitte sehr.

*Luisa* O danke, Liebste, danke. Ich hab doch in der Tat auf deinen Vater gesetzt, und wer kam dran? Ihr Gottfried, wie man sich täuschen kann.

*Geesche* Tja, wie man sich täuschen kann.

*Luisa* Nicht?! Und deine Brust wird immer reifer, Liebste, größer auch. Wie machst du das?

*Geesche* Mit Watte, Liebste.

*Luisa* Watte?

*Geesche* Mit Watte, ja. Ich kenn doch den Geschmack der Männer, weiß, was sie reizt im ersten Augenblick. Und ... ohne Mann im Bett kann ich nicht schlafen.

*Luisa* Pfui, Geesche, pfui.

*Geesche* Pfui, Luisa, warum?

*Luisa* Man kann doch, was man denkt, nicht immer wirklich sagen. Und doch, verzeih, bei dir ist das doch alles schon egal, nicht wahr?! Bei diesem aus und ein, und Heimlichkeiten kennst du nicht, da ist die Frau schon aus dem Schneider, oder? Ach, wenn ich ehrlich bin, ich möchte nicht so sein wie du, ich habe meinen Mann seit fünfzehn Jahren, der denkt für sich, der Gute, der schafft. Und was er von mir will, das kann er haben. Ja.

*Geesche* Hast du noch niemals Lust verspürt, mehr von der Welt zu wissen, als du weißt?

*Luisa* Nie.

*Geesche* Und hast du nie gedacht, es müßte schön sein, frei zu sein von dem, was du gelernt hast.

*Luisa* Geesche, wie du sprichst und was du denkst.

*Geesche* Gib Antwort, bitte.

*Luisa* Nein, natürlich nicht. Mir ist so übel, Liebste, richtig schlecht.

*Geesche* Das kommt, weil du im Kaffee Gift getrunken hast.

*Luisa* Gift?

*Geesche* Im Kaffee.

*Luisa* O, o, das ist reizend, Liebste, ein Scherz, wie er zu dir nicht besser passen könnte.

*Geesche* Das ist kein Scherz, Luisa. Ich habe dich vergiftet, wirklich.

*Luisa* Du hast ...? Nein, nein, das ... das kannst du nicht.

*Geesche* Doch Liebste, ganz bestimmt.

*Luisa* Und ... und ... warum? Warum denn nur?

*Geesche* Ich habe dich davor bewahren wollen, das Leben, das du führst, noch weiter führen zu müssen.

*Luisa schreit auf* Hilfe!!

*Sie rennt zur Tür, fällt aber vorher tot um. In dem Moment kommt Rumpf herein.*

*Geesche* Sie ... sie ist tot.

*Rumpf* Ja.

*Geesche* Sie ist einfach tot zusammengebrochen. Wie schrecklich. *Sie will ihn umarmen.*

*Rumpf* Ich war beim Kriminalamt, Geesche, und hab die weißen Kugeln untersuchen lassen, die du in meinen Kaffee schüttetest. Du hast mich töten wollen, Geesche, warum?

*Geesche zuckt mit den Achseln* Jetzt sterbe ich. *Sie kniet nieder und singt alle Strophen des Liedes.*

*Das Licht geht langsam aus.*

*Ende*

# *Blut am Hals der Katze*

Personen

*Phoebe Zeitgeist*
*Das Mädchen*
*Das Modell*
*Die Geliebte*
*Die Frau des toten Soldaten*
*Der Metzger*
*Der Liebhaber*
*Der Lehrer*
*Der Soldat*
*Der Polizist*

*Boulevard-Szene. Phoebe Zeitgeist sitzt unbeweglich in einem Sessel. Aus dem Lautsprecher eine männliche Stimme:*
*Phoebe Zeitgeist ist von einem fremden Stern auf die Erde geschickt worden, um eine Reportage über die Demokratie der Menschen zu schreiben. Phoebe Zeitgeist hat aber Schwierigkeiten, sie versteht die Sprache der Menschen nicht, obwohl sie die Worte gelernt hat.*

*Polizist + Phoebe*

*Polizist* Wie heißen Sie? Ich habe Sie gefragt, wie Sie heißen. Sie sind schön, verflucht. Haben Sie einen Paß? Ich habe eine Tante, die ist blöd. Hat einfach 'n Knacks im Kopf. Sowas gibts. Schätzchen, du mußt mir jetzt deine Personalien angeben, damit ich sie eintrage und dich dann wieder laufen lassen kann. Ansonsten – Kopf ab. *Er lacht.* Heißt du ... Maria? Magdalena? Marion? Marina? Scheiße! Einen Paß hat jeder. Einer, der keinen Paß hat, das hab ich gelernt, den gibts nicht. Mach endlich die Schnauze auf, du blöde Sau, sonst schlag ich zu. OK. Das nennt sich Verweigerung. Das reizt immer. OK. Das sind so Gesetze der Natur, das kenne ich. Aber ... die Gesetze der Natur, das steht in Büchern. Da schlag ich eine Seite auf und sage meinetwegen: Landstreicherei ... oder ... paß mal auf, du siehst doch ganz intelligent aus. Das Kleid scheint ein Modell zu sein. Du bist gewaschen, gekämmt. Du mußt doch deinen Namen wissen.

*Metzger*

*Metzger* Ich hab ein Mädchen gern gehabt, die war ganz jung und hatte schwarze Haare. Am Freitag abend, da hab ich sie abgeholt von zu Hause und wir sind spazierengegangen oder ins Kino. Da war ich nicht mehr allein. Ich hab arbeiten mögen die ganze Woche, weil ich gedacht hab, am Freitag, da bin ich dann nicht mehr allein. Ich hab einen Meister gehabt, der hat mich geschlagen, da war ich schon achtzehn. Da haben mir die

Gedanken geholfen oder die Träume. An einem Freitag dann kam sie nicht runter, ich ging wieder heim, sie ist eben krank, hab ich gedacht, oder verhindert. Aber sie kam keinen Freitag mehr runter, da hab ich geweint. Ich hab kein Mädchen mehr mögen können von da an. Jetzt geh ich jeden Freitag hinaus und kauf mir ein Mädchen. Ich hab ein paarmal versucht, für mein Geld was zu reden. Aber die Huren reden nicht gern, weil, die haben nur so Gedanken im Kopf, von Eile und Geld. Ich bin jetzt Meister und hab einen Lehrling, der verdient manchmal Schläge, die kann er dann haben! Ich sehne mich so sehr nach ein bißchen Liebe.

*Liebhaber + Phoebe*

*Liebhaber* Deine Hände sind so zart. Sieh mir in die Augen. *Er dreht ihren Kopf.* Du hast Augen wie eine verheiratete Frau. Ich mag verheiratete Frauen, die wissen Zärtlichkeiten zu schätzen. Weißt du, den Mädchen ist das alles selbstverständlich, die wollen dann ganz was anderes. Aber das ist schon alles, was einer zu geben hat, der die Frauen liebt und versteht. Das ist der kostbarste Teil eines Menschen, der Kelch zwischen Unter- und Oberarm. *Er küßt sie.* Magst du meine Berührung? Ich bin sicher, du magst sie. Außerdem, verheiratete Frauen sind verschwiegen. Du mußt wissen, für mich ist auch Alter keine Barriere. Ich hatte eine Geliebte, die ging an die sechzig. Aber gerade müdes Fleisch weiß der gekonnten Berührung des Liebhabers voll Glut zu begegnen. Ich liebe dich. Ich mag deine Stirn, den Ansatz der Haare. Du bist kostbar. Du hast den welken Glanz einer Lilie. Ich werde dich glücklich machen, Geliebte. Ich werde jede Stelle deines Körpers erforschen. Du wirst deine Haut an meinen Berührungen erkennen. Du wirst nichts mehr vergessen.

*Soldat*

*Soldat* Meine Mutter hat immer Bescheid gewußt, immer. Ich hab sie fragen können, egal was, sie hat mir eine Antwort gegeben. Ich bin nach Hause gekommen und hab gesagt, Mama, mach mir ein Schmalzbrot, ich hab nicht lange warten müssen. Oder ein Butterbrot mit Zucker. Oder Eier im Glas, wenn ich krank war. Meine Mutter hat eine Ahnung gehabt von ihrem Kind. Sie hat mir gesagt, wie ich mich verhalten muß auf der Welt, daß ich keinen Ärger habe und so. Ich bin damit über die Runden gekommen. Ich hab fast in jeder Lage gewußt, was ist die Grenze, und ich hab erkennen können, was einer von mir verlangt. Wenns schlimm geworden ist im Krieg, wenn alle im Graben lagen mit Tränen im Auge und haben gezittert, da hab ich das Bild von meiner Mutter gehabt im Kopf, das hat mir gesagt, ich soll nicht verzweifeln. Ich suche ein Mädchen, das soll mir sein, was meine Mutter mir war. Ich kann das Mädchen nicht finden.

*Lehrer + Phoebe*

*Lehrer* Wir können ein Gedicht herausgreifen oder eine Zeile.
Über allen Gipfeln ist Ruh,
in allen Wipfeln spürest du,
kaum einen Hauch,
die Vöglein schweigen im Walde,
warte nur balde,
ruhest auch du.
Verstehen Sie, was ich meine. Was der Dichter alles zu sagen vermag, geht über das gewöhnliche Maß des Sagbaren hinaus. Der Dichter ist fähig, Stimmungen zu erspüren, die noch gar nicht vorhanden sind. Und – der

Dichter *weiß* bereits, noch bevor der gewöhnliche Mensch überhaupt eine Ahnung hat. Drum müssen wir lernen, den Dichter und sein Werk zu analysieren. Auch ich, gerade das ist eben eine Aufgabe der Schule. Wir müssen natürlich auch so profane Dinge lernen wie das kleine Einmaleins, oder Erdkunde und Biologie, gewiß. Nichts aber übersteigt an Bedeutung das Begreifen der Dichter und Denker. Ich weiß natürlich auch, das Leben der Menschen besteht in erster Linie aus Zahlen und Geschäften. Aber gerade darum braucht der Mensch die Möglichkeit, sich abzulenken, um dann im Geschäftsleben wieder voll und ganz seinen Mann stehen zu können. Ich bin sicher, wir werden zusammen lernen können.

*Frau des toten Soldaten*

*Frau* Wenn mein Mann noch lebte, würde er etwa fünfzehnhundert Mark verdienen im Monat. Mein Mann war Schlosser. Für seinen Tod im Feld zahlt mir der Staat jetzt dreihundertvierzig Mark im Monat. Fünfzehnhundert für drei ist aber doch mehr als dreihundertvierzig für zwei. Das begreift jedoch keiner. Sie haben mir vorgerechnet, wie man mit dreihundertvierzig Mark sein Leben bestreitet. Für Wohnung berechnen sie zwanzig Prozent, das macht siebzig Mark, fünfundachtzig Mark pro Person darf man für Grundnahrungsmittel verbrauchen, das macht für meine Tochter und mich einhundertsiebzig Mark. Für Kleider und Wäsche bei zwei Personen rechnen sie fünfzig Mark. Lernmittel für meine Tochter sind zwanzig Mark wert. Das sind dreihundertzehn Mark haben sie gesagt, da bleiben noch dreißig Mark für Luxus, also für Schokolade, Zigaretten, Kino, Alkohol, Radio, Bücher, Geschenke, Ferien. Die Leute, die mir das ausgerechnet haben, waren sehr freundlich.

*Mädchen + Phoebe*

*Mädchen* Du mußt natürlich erst mal wissen, was du willst. Wenn du Schreibmaschine lernen willst, das ist ganz einfach. Oder Steno! Du kannst natürlich auch einen Mann suchen und heiraten. Das sucht eigentlich jede. Trotzdem, es ist ganz gut, wenn man einen Beruf im Hinterhalt hat, ein Beruf, das kann schon Freiheit bedeuten, weißt du. Man muß sich natürlich trotzdem irgendwie anpassen. Da kommt keiner drum rum. Anpassen, verstehst du, das heißt ja noch nicht, gleich anders zu denken, als man eigentlich tut, sondern erstmal die eigenen Gedanken verdrängen. Genauso mit den Träumen, die du hast, oder den Wünschen. Weißt du, es läßt sich schon leben in der Gesellschaft, die kann dir schon das eine oder andere bieten. Du mußt nur wissen, wo du zurücksteckst. Alles kann man natürlich nicht haben. Und, das wär ja auch zuviel, eigentlich. Im Grunde weißt du, bist du für alles verantwortlich.
Wenn du die Hand hebst, bist du dafür verantwortlich, oder wenn du sprichst, bist du dafür verantwortlich. Du bist für alles verantwortlich.

*Modell*

*Modell* Ich lieg immer in meinem Bett und streichle mich. Das hat noch keiner so gekonnt, daß es wirklich richtig wär für mich. Da mach ichs eben selber. Ich komme natürlich mit vielen Männern zusammen in meinem Beruf, ich schlaf auch mit vielen, das fällt mir nicht schwer. Warum auch. Es hat mich noch nie wirklich berührt, das geht über mich, wie ein Kaffee, den ich trinke, oder ein Regen zum Beispiel. Es kann schon sein, daß ich Angst habe vor einem anderen Menschen. Denn eine Beziehung, das fordert auch viel. Oder?

Wenn mich einer fotografiert, das ist schön. Posen zu machen für Momente oder zu lächeln, das ist dann halt meine Sinnlichkeit, die ich habe. Oder eben allein. Mein Bauch, da ist so ein zarter Flaum drauf, oder die Schenkel, da ist die Haut ganz zart, innen, oder die Schultern, da sind Muskeln und ... Ich hab mich sehr lieb. Da laß ich keinen wirklich dazwischen.

*Liebhaber + Phoebe*

*Liebhaber* Es ist schön, sich zu unterwerfen. Den Spaß daran kann man erlernen. Es gibt Bücher, die mußt du lesen, wo Frauen ganz zu Frauen werden. Nur dazu da, dem Mann, den sie lieben, Spaß zu bereiten. Das ist natürlich obszön. Mit verbundenen Augen sich peitschen lassen, angekettet oder gefesselt. In der Unterwerfung liegt das Glück der Frau. Das wirst du lernen und begreifen, Liebste. Du wirst lernen, wenn der Mann dich ansieht, den du liebst, dich hinzuschmeißen und für ihn bereit zu sein. Und wenn er dich verschmäht, dann wirst du ihm vor Dankbarkeit die Füße küssen, weil du dann erkennen darfst, was es bedeutet, wenn er dich benützen will. Es ist nicht richtig, Liebste, mit dem Kopf zu denken. Der Kopf ist dazu da, mit ihm zu hoffen, daß der Mann dich will. Der Kopf ist dazu da, den Wahnsinn zu entwickeln, der dich glücklich macht. Der Mann ist alles, du bist nichts.

*Geliebte*

*Geliebte* Ich habe eine ganze Weile mit ein paar Frauen zusammengelebt. Da war sowas wie eine Kommune. Eine Gruppe von Frauen, die versucht hat, in Gesprächen herauszufinden, woher in unserer Gesellschaft die

Unterdrückung der Frau kommt, oder wie sie entsteht. So Fragen waren zu klären, warum der Gedanke Heirat im Bewußtsein der Frau weit zwanghafter verankert ist als im Bewußtsein der Männer und Ähnlichem. Wir haben uns entschlossen damals, die Männer nur so zu behandeln, wie wir uns von ihnen behandelt glaubten. Wir versuchten die Rollen zu tauschen. Natürlich ist das lächerlich, oder repressiv meinetwegen. Es hat letztendlich zu nichts geführt. Die ganze Scheiße führt letztendlich nur dazu, daß man sich mit Spaß im Bewußtsein unterdrücken läßt. So läßt sich die Gesellschaft nicht ändern.

*Modell + Phoebe*

*Modell* Ich habe solche Angst vorm Altwerden. Was ist dann noch dran an mir? Ein jeder braucht seinen Spaß. Das ist doch jedermanns eigene Sache, womit er Spaß hat. Sie haben eine gute Figur. Wirklich. Sie müßten Chancen haben. Und – die Chancen, das ist das Wichtigste. An was seh ich denn, daß ich lebe? Wenn sich keiner mehr bemüht um mich, wer bin ich denn dann? Niemand! Ich habe eine Freundin, die war Mannequin, Top-Modell, wirklich, jetzt ist sie zweiundvierzig und aus. Die sitzt in ihrer Wohnung und starrt den ganzen Tag aufs Telefon. Und keine Sau ruft an. Ich weiß genau, mir wirds auch so gehen, aber ich mach das nicht mit, ich bring mich um vorher. Mit Verzweiflung leben? Keinen Tag. Sie müssen eben schaun, daß sie den Absprung rechtzeitig schaffen. Ich weiß aber auch nicht wie. Vielleicht ein Mann und Kinder. Oder ein paar Gedanken im Kopf, wo man was anfangen kann damit. Oder der Tod. Vielleicht ist der Tod doch das beste.

*Mädchen*

*Mädchen* Mein Vater hat mich geschlagen. Sehr oft und immer auf den nackten Hintern. Der hatte so Spaß dran. Damals hab ich auch fast alles ungerecht gefunden, aber heute seh ich vieles ein von damals, warum er mich geschlagen hat oder so. Trotzdem, Spaß hätte er keinen haben müssen dran. Das ist dann schon gemein. Ich hab einen Freund gehabt, der hat seine Haare so auf Elvis Presley gekämmt. Ich fand das wahnsinnig toll. Elvis Presley war doch das Tollste für mich. Eigentlich für alle damals. Da kann ich weinen, wenn ich die Platte auflege heute und muß an die Zeit denken und wie alles gewesen ist. Es war schon schön, und keiner gibts dir zurück, das ist vorbei. Manchmal auch, wenn ich durch eine Straße gehe, dann erinnert mich ein Geruch an die Vergangenheit oder ein Haus, da fallen mir dann so Stimmungen ein von meinem Hinterhof, da ist man geborgen gewesen mit seinen Freunden und nicht allein. Was vorbei ist, ist vorbei, hat meine Mutter immer gesagt. Die hat schon recht gehabt, mit vielem, was sie gesagt hat.

*Frau des toten Soldaten + Phoebe*

*Frau* Eines Tages kam dann der Brief. Der war blau und ich hab gleich gewußt, was drin steht, weil von meinem Mann ist ja schon seit vier Wochen keine Nachricht mehr gewesen. Ich habs gar nicht lesen können, weil alles war so verschwommen. Irgendwie hab ichs ja schon vorher gespürt. Plötzlich hab ich so eine Ahnung gehabt, jetzt ist er tot, der Franz, da hats mir irgendwie fast die Kehle zugeschnürt. Die Leute reden immer und man glaubts nicht, aber wenns dann passiert, das ist schon komisch. Richtig die Kehle zu, als könnt man jetzt keine Luft mehr bekommen. Aber, glauben Sie mir, der Mensch hält soviel aus. Man kann soviel ertragen, auch wenn man vorher glaubt, man würds nicht können, wenns dann passiert, das Leben geht schon weiter, auch wenn was abgestorben ist in einem. Der Schmerz, das sag ich immer, das gehört halt zum Leben dazu. Das ist eben so. Man kann sich ja wehren dagegen, na klar, aber dann muß man einsehen, irgendwann, es ist nutzlos gewesen, das Wehren! Das waren Kräfte, die man verbraucht hat, die kann man woanders besser benützen.

*Lehrer*

*Lehrer* Ich hab lange gebraucht, bis ich mir zugab, daß ich Männer lieber mag als Frauen. Viel zu lange. Aber ich hab einfach Angst gehabt vor den Konsequenzen. Ich hab geglaubt, man lebt dann so'n Leben im Untergrund, so auf Toiletten oder am Bahnhof. Davor hat man halt Angst, wenn man normal erzogen ist, da schreckt man zurück. Im Grunde aber ist alles ganz anders, ich hab einen Freund, der ist Tänzer, der kommt aus Guinea, und wir leben zusammen wie Mann und Frau. Das hat dann schon seine Ordnung. Wir haben Freunde, machen Besuch, es kommt halt drauf an im Leben, wie man was macht. Es hat schon eine Zeit gegeben, da war ich immer auf Achse, fast jede Nacht, da war ich auf Suche. Aber ich mein halt, das geht den Normalen doch auch so, solang sie den festen Partner nicht haben.

*Soldat + Phoebe*

*Soldat* Ich bin scharf auf dich, Schwester. Schon mal mit 'nem Soldaten gefickt? Soldaten sind besser als andere

Männer, weil, ein Soldat fickt immer das letzte Mal. Komm, Schatzi, zier dich nicht so, du bist doch ne Frau oder nicht? Na eben, ne Frau hat doch auch nix andres im Kopf als wie Männer. Das ist eben so. Wehr dich ’n bißchen, da steh ich drauf, ehrlich. Ich will was erobern. Weiber, die sich so hinlegen, so einfach, das kann ich nicht haben. Passiert nix bei mir. Komm, Schatzi, kreisch ’n bißchen, dann stopf ich dirs Maul und alles. Sei nicht so fad. Mei, diese vornehmen Votzen, da mußt immer dreimal betteln, bis sie einmal das Richtige tun. An sich bist du schon unheimlich scharf, die Beine, mei, Wahnsinn, der Bauch, die Brüste. Reib dich halt, Mädchen, ich bin ein Mann. Ich brauch eine Reaktion der Frau, daß ich weiß, daß was stimmt. Komm!

*Liebhaber*

*Liebhaber* Ich hab schon vieles versucht, Jobs, Berufe. Ich bin zum Arbeiten nicht gemacht. Ich koch halt die Weiber ab. Ich bin ja bereit, was zu tun dafür. Das hat angefangen mit einer, die hat schon ne ganze Weile nix mehr gehabt, die hat echt gedacht, da geht nix mehr bei ihr, die war eben dankbar bei mir. Da ist jedem geholfen. Mir, daß ich Geld hab, und der Frau, weil sie sone Ahnung kriegt von Zärtlichkeit und so. Ich glaub nicht, daß ich mich da schämen muß. Die Frauen haben ja sogar mehr davon als ich, die schaut ja sonst keiner mehr an, aber ich könnte woanders auch Geld verdienen, was solls. Die sind ja auch so dankbar alle, da kann man nichts Schlechtes bei denken. Manchmal glaub ich, ich mag alte Frauen sogar richtig lieber als junge. So junge Mädchen, die schrecken mich richtig. Da hab ich richtig Angst davor. Ehrlich. Ich glaub, es ist schon jeder auf dem Platz, wo er hingehört.

*Metzger + Phoebe*

*Metzger* Wenn du einen Betrieb hast, dann kaufst du zum Beispiel morgens Fleisch ein, für sagen wir mal tausend Mark und das bereitest du dann zu und verkaufst es bis zum Abend. Aber du kannst das Fleisch nicht allein bearbeiten, das ist zuviel. Wenn du allein bist, kannst du bloß Fleisch für zweihundert Mark bearbeiten und verkaufen, so nimmst du dir vier Arbeitskräfte, die geben dir die Möglichkeit, das Fleisch, das du für tausend Mark kaufst, für fünftausend weiterzuverkaufen. Du kannst also einen Umsatz machen von fünftausend Mark. Dafür, daß du das machen kannst, zahlst du deinen Gehilfen jeweils 200 Mark, das macht achthundert Mark. Also, du kaufst Fleisch für tausend Mark, achthundert Mark die Gehilfen und zweihundert Mark Miete, macht zweitausend Mark Unkosten, macht also dreitausend Mark Gewinn. Wenn du allein wärst, hättest du höchstens sechshundert Mark Gewinn, was bedeutet, daß jeder Angestellte dir jeweils achthundert Mark Gewinn bringt. Für zweihundert Mark also, die er an sich verdient, verdienst du achthundert an dir. So einfach ist das.

*Polizist*

*Polizist* Ich hab einen Onkel, der war Polizist. Das war kurz nach dem Krieg, da war die Schwarzmarktzeit, und eines Tages, da ham sie ihn erwischt, wie er Zigaretten getauscht hat, weil er seiner Familie ein Geld bringen wollte. Da hat er den Dienst quittieren müssen. Nach einer Weile hat er sich einen Karren gekauft und hat Obst verkauft auf der Straße, der ging immer in Hinterhöfe und hat geschrien, frische Erdbeern, frische Erdbeern. Und dann hat er geheiratet. Seine Frau, die hat ihm geholfen, und er hat angefangen zu saufen. Und immer, wenn er besoffen war, dann fing er an zu weinen und schluchzte, weil er kein Polizist mehr war, und weil ein Polizist zu sein eine richtige Sache ist. Dann ist er krank geworden. Da hat er seine Frau sehr geliebt. Sie haben sich entschlossen, daß sie einen Laden aufmachen, wenn er wieder gesund ist, eine richtige Firma. Da ist er jetzt glücklich, weil sie einen Angestellten haben, der ihm hilft. Und ich bin Polizist geworden.

*Liebhaber* Deine Mutter ist eine Sau.
*Polizist* Meinst mich, ha!?
*Liebhaber* Eine Sau ist deine Mutter, sonst nichts.
*Polizist* Komm amal her.
*Liebhaber* Is was?
*Polizist* Oder ich komm zu dir.
*Liebhaber* Komm nur.
*Polizist* Okay. Was hast du gesagt grad?
*Liebhaber* Nichts.
*Polizist* Feige Sau. Jetzt ziehst'n Schwanz ein. Meinst, ich hör schlecht.
*Liebhaber* Aua.
*Polizist* Schrei nur. Erst reden, du Sau, und dann feig sein. Meine Mutter, die hat in deinem Mund nix zu suchen, ja? Überhaupt nix, ist das klar?
*Liebhaber* Ja.
*Polizist* Also.
*Liebhaber* Brutales Schwein! Dir werd ichs noch zeigen.
*Polizist* Mir zeigst du nix.
*Phoebe* DEINE MUTTER IST EINE SAU.
*Mädchen* Oh bitte nicht, bitte nicht die Polizei. Ich hab mich doch entschuldigt bei Ihnen.
*Lehrer* Wer stiehlt, der mordet auch.
*Mädchen* Meine Eltern dürfen es nicht erfahren.

*Lehrer* Soll ich Rücksicht nehmen, warum? Dieses Mädchen hat gestohlen.
*Mädchen* Bitte nicht, bitte, ich schäme mich so.
*Lehrer* Das hättest du vorher tun sollen, hinterher glaubt keiner an Reue.
*Mädchen* Mein Vater ist krank seit zwei Jahren. Es geht uns schlecht. Bitte.
*Lehrer* Das ist immer dasselbe bei euch Verbrechern. Arbeitsscheu und hinterher Tränen. Wir gehn jetzt zur Polizei.
*Mädchen* Nein! Nein, nein, nein, nein! Mein Vater stirbt, der ist krank.
*Lehrer* Was kümmern mich deine Verhältnisse, Mädchen.
*Mädchen* Mitleid hat jeder im Kopf.
*Lehrer* Ich nicht. Weil, ich hab Gerechtigkeit im Kopf.
*Phoebe* WER STIEHLT, DER MORDET AUCH. WAS KÜMMERN MICH DEINE VERHÄLTNISSE. ICH HAB GERECHTIGKEIT IM KOPF.
*Lehrer* Was verdienst du am Tag?
*Liebhaber* Hundert oder zweihundert. Je nach dem.
*Lehrer* Du bist schön.
*Liebhaber* Ich weiß. Das finden fast alle.
*Lehrer* Ja dann.
*Liebhaber* Verzeihung, ich wollte Sie nicht verletzen.
*Lehrer* Nein. Gehst du auch mit Mädchen?
*Liebhaber* Auch schon mal. Aber selten.
*Lehrer* Warum?
*Liebhaber* Ach, das ergibt sich. Am Anfang hab ich den Ausgleich gebraucht. Das fällt weg mit der Zeit. Man gewöhnt sich an alles.
*Lehrer* Tust dus nicht gern?
*Liebhaber* Was? Mit Männern?
*Lehrer* Ja.
*Liebhaber* Für Geld? Das ist doch egal.
*Lehrer* Und Sympathie? Hast du eine Ahnung von Sympathie?

*Liebhaber* Ich halt meinen da raus. Ich will mich nicht einlassen auf Vieles.

*Lehrer* Warum? Das gehört doch zum Leben dazu.

*Liebhaber* Ich habe Angst.

*Phoebe* MAN GEWÖHNT SICH AN ALLES. ICH WILL MICH NICHT EINLASSEN AUF VIELES. ICH HABE ANGST.

*Mädchen* Hast du studiert?

*Geliebte* Ja. Aber ich habs aufgegeben. Und du?

*Mädchen* Nein. Wir hatten nicht genug Geld.

*Geliebte* Das ist doch keine Frage von Geld.

*Mädchen* Ich mußte verdienen. Das ist eben so.

*Geliebte* Du wolltest doch Kinderärztin werden, nein?

*Mädchen* Man kann sich verändern.

*Geliebte* Das schon. Aber du bist müde geworden. Du wolltest doch damals sogar nach Afrika gehen. Du hattest so Ideale.

*Mädchen* Das hat sich verbraucht.

*Geliebte* Alle Ideen? Alles weg?

*Mädchen* Ja. Du hast recht, ich bin müde geworden. Das wird man. Was machst du?

*Geliebte* Wenig. Ich hab ein Geschäft. Das läuft von allein. Das Anfangskapital hab ich geerbt. Das kommt dann schon so über die Runden.

*Mädchen* Das ist auch nicht das, was du wolltest früher.

*Geliebte* Nein.

*Phoebe* DAS IST EBEN SO. MAN KANN SICH VERÄNDERN. ICH BIN MÜDE GEWORDEN.

*Frau des toten Soldaten* Wie Sie das machen mit Ihrer Figur.

*Modell* Ich pflege mich eben.

*Frau des toten Soldaten* Da ist mehr als Pflege dahinter. Ich muß halt arbeiten. Da werden die Hände alt bei der Arbeit und brüchig.

*Modell* Verzeihung, aber ich arbeite auch.

*Frau des toten Soldaten* Sie habens besser getroffen. Das ist schon richtig, daß Unterschiede sind auf der Welt.

*Modell* Ich habe Spaß bei der Arbeit, das wird es sein.

*Frau des toten Soldaten* Aber das kann doch nicht jeder, Spaß haben bei der Arbeit. Sie können schon froh sein.

*Modell* Ich red auch nicht soviel darüber wie Sie.

*Frau des toten Soldaten* Wenn eins unglücklich ist, dann muß es halt reden. Sonst bleibt nichts. Das hab ich erfahren. Das kann mir keiner mehr nehmen.

*Phoebe* DAS IST SCHON RICHTIG, DASS UNTERSCHIEDE SIND AUF DER WELT. WENN EINS UNGLÜCKLICH IST, DANN MUSS ES HALT REDEN.

*Polizist* Um sechs Uhr wirds hell, dann gehts los.

*Lehrer* Hast du schon mal sowas gehabt wie ne Ahnung?

*Polizist* Ahnung von was?

*Lehrer* Vom Tod meinetwegen, oder vom Ende.

*Polizist* Nein. Warum?

*Lehrer* Ich spür was. Irgendwas wird passieren morgen. Ich habs im Bauch. Das ist ein Gefühl, das kann ich mit Worten nicht fassen.

*Polizist* Dann behalts doch für dich. Da macht einer Angst, wenn er was sagt in der Richtung.

*Lehrer* Ich muß aber reden. Ich muß fertig werden mit meinen Gedanken, sonst frißt es mich auf. Der Tod, vielleicht ist das ganz schön. Ruhe und Frieden.

*Polizist* Jetzt hör endlich auf! Ich will noch nicht sterben. Hast du verstanden? Du sollst deine blöde, häßliche Fresse halten, du Sau. *Weint.*

*Lehrer* Angst hat ein jeder.

*Phoebe* AHNUNG VOM ENDE. ICH MUSS FERTIG WERDEN MIT MEINEN GEDANKEN. ICH WILL NICHT STERBEN. ANGST HAT EIN JEDER.

*Mädchen* Du kannst doch nicht einfach so gehen. Wir haben doch noch was zusammen, das hört doch so schnell nicht auf.

*Liebhaber* Schau dich doch an. Dir steht doch der Irrsinn im Gesicht.

*Mädchen* Weil ich dich liebe.

*Liebhaber* Hau ab.

*Mädchen* Franz! Wenn du gehst, dann bring ich mich um.

*Liebhaber* Na und? Das macht mir doch nichts aus.

*Mädchen* So gemein kannst du doch gar nicht sein. Du hast mich doch lieb gehabt einmal.

*Liebhaber* Das ist vorbei. Das sieht doch jeder.

*Mädchen* Das ist nicht vorbei. Ich brauch dich doch, Franz, du kannst doch nicht gehn.

*Liebhaber* Du wirst sehen, was ich kann. Du ekelst mich an.

*Mädchen* Du bist so gemein, so gemein. Du wirst kein Glück mehr haben im Leben.

*Liebhaber* Das wird sich ja zeigen.

*Phoebe* WIR HABEN DOCH NOCH WAS ZUSAMMEN. DAS MACHT MIR DOCH NICHTS AUS. ICH BRAUCH DICH DOCH. DU EKELST MICH AN.

*Lehrer* Kommt Ihr Sohn jetzt besser mit in der Schule?

*Geliebte* Es geht. Wir haben ihn früher zu nachsichtig behandelt, das macht sich bemerkbar.

*Lehrer* Natürlich. Eine straffe Erziehung scheint mir, trotz allem Gerede, immer noch die beste Einführung ins Leben zu sein.

*Geliebte* Das mag schon stimmen.

*Lehrer* Aber gewiß. Übt denn das Leben Nachsicht? Eben. Der meine wird auf die Nackenschläge, die er im Leben zu erwarten hat, eben mit Nackenschlägen vorbereitet.

*Geliebte* Schlagen Sie Ihren Sohn häufig?

*Lehrer* Was heißt häufig? Ich würde sagen, wie er es braucht. Kinder brauchen ja Schläge und äußern sich dementsprechend. Ich halte mich da ganz an die Stimme der Vernunft.

*Phoebe* NACHSICHT MACHT SICH BEMERKBAR. EINE STRAFFE ERZIEHUNG IST DIE BESTE EINFÜHRUNG INS LEBEN.

*Soldat* Wieviel?

*Modell* Hundert.

*Soldat* Wieviel!

*Modell* Hun-dert.
*Soldat* Bist du wahnsinnig? Hundert am Freitag?
*Modell* 's war nicht viel los aufn Freitag diesmal.
*Soldat* Und warum kommst du jetzt schon nach Hause?
*Modell* Mir tun die Füße weh, Max.
*Soldat* Ich wollte mir morgen 'n Leihwagen nehmen und rausfahren. Hundert Mark reicht ja noch nicht mal fürs Fressen.
*Modell* Schrei nicht so, bitte. 's war nicht viel los und mir tun die Füße weh ... verzeih.
*Soldat* Schätzchen, ich laß mir das nicht gefallen, verstanden. Pack deine Sachen und zieh wieder los, ja?
*Modell* Max, ich ...
*Soldat* Hast du verstanden!?
*Modell* Ich geh schon.
*Phoebe* BIST DU WAHNSINNIG? MIR TUN DIE FÜSSE WEH. PACK DEINE SACHEN.
*Soldat* Wir können auch wieder in Urlaub fahren nächstes Jahr. Aber jetzt muß gespart werden.
*Frau des toten Soldaten* Ja.
*Soldat* Brauchst gar nicht so sauer zu gucken. Du hast ja schließlich auch was von den Sachen.
*Frau des toten Soldaten* Ich hab doch gar nichts gesagt.
*Soldat* Ich kenn das schon von dir, wie du dein Gesicht verziehst und was sagst. Die Schulden sind nun mal da, die nimmt uns keiner.
*Frau des toten Soldaten* Ich weiß doch Bescheid.
*Soldat* Eine Scheiße weißt. Du mußt ja nicht arbeiten dafür. Du hast bloß den Vorteil.
*Frau des toten Soldaten* Hör halt auf, bitte.
*Soldat* Ich denk nicht dran, daß ich aufhör. Mir nimmt niemand was ab. Keine Sau.
*Frau des toten Soldaten* Ich halt doch zu dir.
*Soldat* Ja, da kannst du leicht zu mir halten, solangs dich nix kostet.
*Frau des toten Soldaten* Ich liebe dich.

*Phoebe* Du musst ja nicht arbeiten, Du hast bloss den Vorteil. Mir nimmt niemand was ab. Ich liebe Dich.

*Polizist* Ich liebe dich.

*Mädchen* Ja.

*Polizist* Ich könnt dir nie weh tun, nie.

*Mädchen* Wie kommst jetzt auf sowas?

*Polizist* Alle Leute tun mir weh.

*Mädchen* Ja?

*Polizist* Ja.

*Mädchen* Ich bin noch so jung. Ich kenn nix.

*Polizist* Das kommt von allein. Du bist schön. Ich will dir nicht weh tun.

*Mädchen* Sag das nicht immer. Das macht mich traurig.

*Polizist* Ich will dich nicht traurig. Aber ich warn dich. Ein jeder, der lieb ist, der kann auch bös sein. Das ist so. Du bist so jung.

*Mädchen* Ja.

*Polizist* Ein Schmerz kommt immer. Da geht keiner vorbei dran.

*Mädchen* Wie du mich hältst, das ist schön. Das könnt ewig so bleiben.

*Polizist* Was schön ist, das hört immer am schnellsten auf.

*Phoebe* Alle Leut tun sich weh. Du bist schön. Das macht mich traurig. Ein Schmerz kommt immer. Was schön ist, hört immer am schnellsten auf.

*Geliebte* Danach ist mir immer schlecht. Küß mich. Du bist gut.

*Liebhaber* Ich weiß. Du bist auch gut.

*Geliebte* Ja. Sehen wir uns wieder?

*Liebhaber* Nein.

*Geliebte* Schade. Es hätte mir gepaßt.

*Liebhaber* Ich kann nicht zweimal mit einer. Da entsteht ein Ernst, den kann ich nicht haben. Ich mag nicht zusammenkleben mit einem anderen Menschen.

*Geliebte* Das klingt gemein, wenn man gerade zusammen war mit einem und es war schön.

*Liebhaber* Ich krieg keine Luft mehr, wenn was entsteht. Ich muß mich da schützen.

*Geliebte* Bis es passiert, dann hängst du drin.

*Liebhaber* Mir passiert nichts, da bin ich sicher.

*Geliebte* Das haben schon viele gesagt, und dann sind sie doch reingerasselt. Es gibt Gesetze.

*Phoebe* KÜSS MICH. DU BIST GUT. ICH MAG NICHT ZUSAMMENKLEBEN MIT EINEM ANDEREN MENSCHEN. DAS KLINGT GEMEIN. ICH MUSS MICH SCHÜTZEN. ES GIBT GESETZE.

*Lehrer* Sie werden sterben.

*Modell* Woher wissen Sie das?

*Lehrer* Von Ihren Augen. Da sitzt schon der Tod drin.

*Modell* Sie lügen.

*Lehrer* Ich hab es nicht nötig zu lügen.

*Modell* Sie wollen mich quälen. Was nützt Ihnen das.

*Lehrer* Wenn es so wäre, ich hätte Spaß dran wahrscheinlich.

*Modell* Sie sind gemein.

*Lehrer* Der Tod kommt so schnell. Sie sterben im Bett. Erst wird Ihnen ein wenig schlecht, dann kommt eine Ahnung, dann haben Sie Angst. Große Angst. Sie werden Mitleid haben mit sich.

*Modell* Hören Sie auf. Hören Sie auf! Ich kann das nicht hören. Ich hab doch schon immer Angst vor dem Tod.

*Lehrer* Ich hab nur Spaß gemacht. Wirklich.

*Modell* Das nützt jetzt nichts mehr. Ich werde das nie mehr vergessen.

*Phoebe* SIE WERDEN STERBEN. SIE LÜGEN. SIE SIND GEMEIN. SIE WERDEN MITLEID HABEN MIT SICH. HÖREN SIE AUF!

*Mädchen* Verdient Ihr Mann immer noch so wenig wie früher?

*Modell* Wenig?!

*Mädchen* Na ja, wenn das nicht wenig war.

*Modell* Wenig oder viel, wir kommen aus.

*Mädchen* Als ob das Auskommen das Wichtigste wäre. Man muß sich was leisten können.

*Modell* Wir lieben uns.

*Mädchen* Ich bitte Sie. Dann wärs doch nicht immer so laut bei Ihnen.

*Modell* Suchen Sie Ärger?

*Mädchen* Ich? Wo denken Sie hin.

*Modell* Es sieht fast so aus. Wie Sie reden.

*Mädchen* Ich rede, wies mir gegeben ist. Mir fällt halt was ein. Im Gegensatz zu Ihnen anscheinend.

*Modell* Sie sind ja bloß neidisch.

*Mädchen* Neidisch? Vielleicht auf Sie? Das ist die Höhe.

*Modell* Na klar. Sie haben ja noch nicht mal 'n Mann.

*Mädchen* Eben. So einer wie der Ihre hätte bei mir keine Chancen.

*Phoebe* MAN MUSS SICH WAS LEISTEN KÖNNEN. SUCHEN SIE ÄRGER? SIE SIND JA BLOSS NEIDISCH.

*Frau des toten Soldaten* Geben Sie mir meinen Mann zurück. Sie haben mir meinen Mann weggenommen.

*Geliebte* Wieso gehört der Ihnen?

*Frau des toten Soldaten* Vor Gott ... und den Menschen.

*Geliebte* Sie Ärmste. Wer glaubt denn heute noch an die Ewigkeit?

*Frau des toten Soldaten* Ich.

*Geliebte* Kommen Sie. Setzen Sie sich zu mir. Der Mann hat eben mehr Spaß bei mir als bei Ihnen. Das hat er damals noch nicht gewußt.

*Frau des toten Soldaten* Aber das ist doch gar nicht wahr.

*Geliebte* Fragen Sie ihn, wenn er ehrlich ist. Ich bin eben besser im Bett.

*Frau des toten Soldaten* Mein Gott, sind Sie gemein.

*Geliebte* Ich bin nicht gemein, Liebste, ich bin nur ehrlich.

*Frau des toten Soldaten* Lassen Sie ihn halt laufen. Ich bin so einsam ohne den Mann.

*Geliebte* Das ist seine Sache. Er ist frei. Das liegt nicht in meiner Hand.

*Phoebe* WER GLAUBT DENN HEUTE NOCH AN DIE EWIGKEIT? ICH BIN NUR EHRLICH.

*Modell* Du Hund, du darfst mir die Füße lecken!

*Metzger* Wau wau.

*Modell* Fein, süßes Hündchen, fein. So ists recht. Geh weg, du stinkender Köter. *Metzger jault.* Du stinkst.

*Metzger* Sag nicht, daß ich stinke, bitte.

*Modell* Auf die Knie! Bell! Oder willst du die Peitsche?

*Metzger* Wau wau.

*Modell* Ja, sehr schön. Du wirst mich kennenlernen, Köter.

*Metzger* Ich mag heut nicht mehr, darf ich aufstehen?

*Modell* Gut. Aber laß mich in Frieden.

*Metzger* Du behandelst mich immer so schlecht.

*Phoebe* DU DARFST MIR DIE FÜSSE LECKEN. GEH WEG, DU STINKENDER KÖTER. DU BEHANDELST MICH IMMER SO SCHLECHT.

*Polizist* Aufm Motorrad, das is schon Wahnsinn. Da is alles zusammen, Liebe, Zeit und Tod. Das ist die Spitze.

*Geliebte* Nimm mich halt mal mit.

*Polizist* Da bist du zu alt für, ehrlich.

*Geliebte* Zu alt?

*Polizist* Na klar. So biste ja ganz dufte. Zum Stoßen und so. Aber aufm Motorrad, das is ganz was andres, da.

*Geliebte* Macht ihr da immer so Unterschiede?

*Polizist* Was die anderen machen, da hab ich echt keine Ahnung. Du bist auch zu vornehm. Du aufm Motorrad, da lacht jeder mich aus.

*Geliebte* Und das ist schlimm.

*Polizist* Schlimm? Das wär überhaupt das Letzte, ja? Wenn mich einer auslacht, da seh ich rot, klar? Da schreck ich vor nix zurück.

*Geliebte lacht.*

Hör auf zu lachen, ja?! Sonst drück ich dirs ab, ja?! Auf mich kannste warten, in Zukunft, du Sau.

*Phoebe* WENN MICH EINER AUSLACHT, DA SEH ICH ROT, KLAR?

*Modell* Übrigens, ich hab das Dienstmädchen entlassen.

*Liebhaber* Du hast ...?

*Modell* Ja.

*Liebhaber* Und ...?

*Modell* Du meinst warum? Es ist mir zuviel geworden. Die ganze Stadt hat schon gesprochen von euch. Ich habe mich geschämt.

*Liebhaber* Wir hatten doch ein Abkommen getroffen für diese Ehe, du und ich.

*Modell* Ja und?

*Liebhaber* Abkommen sind dazu da, daß man sich an deren Inhalt hält, ja? Wir wollten einander in nichts mehr im Wege stehn.

*Modell* Ich konnte nicht wissen, daß ich letztlich nicht dazu fähig bin, frei zu sein.

*Liebhaber* Aber ich brauche diese Freiheit, verstehst du. Ich hab das Mädchen gern gehabt.

*Modell* Ich hätte es nicht länger ertragen können.

*Phoebe* ICH HABE MICH GESCHÄMT. WIR WOLLTEN EINANDER NICHT IM WEGE STEHEN. ICH BRAUCHE DIESE FREIHEIT. ICH HÄTTE ES NICHT LÄNGER ERTRAGEN KÖNNEN.

*Lehrer* Du behältst das Kind. Das ist genug.

*Frau des toten Soldaten* Wo soll ich denn leben mit dem Kind. Was? Ich muß das Haus haben, Peter. Ich muß.

*Lehrer* Mach dich nicht lächerlich, Alterchen. Wofür, meinst du, hab ich gearbeitet zwanzig Jahre?

*Frau des toten Soldaten* Jetzt mußt du doch nicht mehr gemein sein. Wir wollten doch alles in Ruhe besprechen.

*Lehrer* Da kann ich nicht ruhig bleiben. Du hast schon immer nur was gewollt von mir. Immer.

*Frau des toten Soldaten* Das ist doch nicht wahr, Peter. Erinnere dich doch. Für das Haus, da haben wir doch gemeinsam gespart.

*Lehrer* Aber ich habe arbeiten müssen. Du nicht.

*Frau des toten Soldaten* Ich will es ja auch nicht für mich. Ich denk doch nur an das Kind.

*Lehrer* Das Kind hat mich nie geliebt. Scheiße, ich laß mich nicht wieder einspinnen von dir. Ich hab genug. Ich behalte das Haus. Basta.

*Frau des toten Soldaten* Dann müssen wirs klären lassen vor Gericht. Willst du das?

*Lehrer* Ja.

*Phoebe* DU HAST IMMER NUR WAS GEWOLLT VON MIR. DAS KIND HAT MICH NIE GELIEBT.

*Geliebte* Du bist vielleicht ein faules Schwein. Den ganzen Tag hängst du im Bett rum.

*Soldat* Na und. Ich bin krank.

*Geliebte* Klar bist du krank. Krank sind wir alle.

*Soldat* Komm her.

*Geliebte* Nein.

*Soldat* A geh. Komm schon.

*Geliebte* Ehrlich. Ich schufte den ganzen Tag. Du pennst. Und am Abend gehst du ohne mich saufen.

*Soldat* Wir sind doch eh immer zusammen.

*Geliebte* Wann denn? Wohl in der einen Stunde, wo ich das Essen koche für dich. Dabei bin ich so gern zusammen mit dir.

*Soldat* Das weiß ich. Sonst bist du nicht ganz.

*Geliebte* Na und. Ich kann eben schlecht allein sein.

*Soldat* Das ist keine Schande. Allein kann keiner lang sein. Das ist menschlich. Aber was anderes gehört auch noch zum Leben dazu, außer der Frau, die einem gehört, wo man ewig zusammen ist mit.

*Phoebe* ICH BIN SO GERN ZUSAMMEN MIT DIR. ALLEIN KANN KEINER LANG SEIN.

*Frau des toten Soldaten* Du hast mich geschlagen. Du hast mich tot geschlagen.

*Metzger* Halts Maul! Soll das ganze Haus es hören?

*Frau des toten Soldaten* Ja, ja, ja. Du hast mich geschlagen. Er hat mich geschlagen!!!

*Metzger* Jetzt sei still, sonst schlag ich dich wirklich tot, ja? Maria, bitte.

*Frau des toten Soldaten* Faß mich nicht an.

*Metzger* Sei wieder gut. Ich entschuldige mich.

*Frau des toten Soldaten* Hilfe, Hilfe!

*Metzger* Sei still. Sonst mach ich dich still.

*Frau des toten Soldaten* Er bringt mich um. Hilfe.

*Metzger* Maria, bitte! Bitte. Bitte, bitte.

*Frau des toten Soldaten* Nein ... du ... nein! ... hör ...

*Metzger* Ich kann dich nicht mehr schreien hören, ich kann nicht. Ich hab mich doch entschuldigt bei dir. Maria ... Maria ... hör doch ... Maria ... mein Gott ... Maria!!! Das hab ich nicht gewollt. Das hab ich nicht gewollt. Ehrlich. Vater unser, der du bist im Himmel. Verzeih mir.

*Phoebe* FASS MICH NICHT AN. DAS HAB ICH NICHT GEWOLLT. VATER UNSER, DER DU BIST IM HIMMEL, VERZEIH MIR.

*Modell* Natürlich hat mein Mann keine Ahnung von mir. Wir reden ja nie.

*Polizist* Zigarette?

*Modell* Ja. Danke. Da liegen Welten dazwischen.

*Polizist* Aber früher, da muß doch mal was gewesen sein. Zwischen ihm und ihr.

*Modell* Sexuell? Natürlich. Ich war ja so jung. Aber das hat sich verloren.

*Polizist* Ich finde Sie schön.

*Modell* Danke. Ich höre das gern. Da bin ich wie alle Frauen, nicht?

*Polizist* Ich meine das ernst, was ich sage. Ich habe wenig Frauen gekannt, die so ... so, Verzeihung, perfekt waren wie Sie. Ich verehre Sie, Laura.

*Modell* Ich mag sie. Wir könnten ...

*Polizist* Ja?

*Modell* Wir ... ich ... ich möchte mit Ihnen schlafen.

*Polizist* Ich weiß. Ich werde gut sein für Sie.

*Modell* Ja. Ich bin sicher.

*Phoebe* Ich finde Sie schön. Ich vereihre Sie. Ich möchte mit Ihnen schlafen.

*Liebhaber* Wir können das Kind nicht ernähren. Das weißt du genau.

*Frau des toten Soldaten* Ja.

*Liebhaber* Also. Da braucht man nicht reden drüber. Das versteht sich von selbst.

*Frau des toten Soldaten* Ich wills aber nicht wegmachen lassen, das Kind. Ich wills behalten. Ich will auch hungern dafür. Ich habs so lieb, jetzt schon.

*Liebhaber* Dann bist du allein. Ich will mich nicht einrichten auf so was, da gibts andere Sachen genug, die wichtig sind auf der Welt.

*Frau des toten Soldaten* So ein Kind, das hat man doch sicher, das verläßt einen nicht, wie ein anderer Mensch.

*Liebhaber* Ich geh doch auch nicht weg von dir.

*Frau des toten Soldaten* Das sagt einer erst, und hinterher hat er sich eben geirrt. Dann ist man allein.

*Liebhaber* Wenn du kein Vertrauen hast zu mir, dann ist eh jede Stunde zu viel, die ich bei dir gewesen bin.

*Frau des toten Soldaten* Karl!

*Phoebe* Ein Kind, das hat man doch sicher. Wenn du kein Vertrauen hast, dann ist alles zuviel.

*Soldat* Ein Bier! Ich schlag der Sau den Schädel ein. Ein Wort noch, dann krachts.

*Lehrer* Hör auf. 's führt doch zu nix.

*Soldat* Das wird schon zu was führen. Mensch, Mann, bin ich besoffen.

*Lehrer* Genau.

*Soldat* Bei mir ist das wurscht. Ich tu genau das, was ich will, wenn ich besoffen bin. Und viel mehr wie nüchtern. Nüchtern, da is mir schon eh alles egal.

*Lehrer* Der hat dir doch nichts getan, oder? Laßn halt stehn.

*Soldat* Was hastn jetzt, ha? Du schaust genauso, daß' mich ärgert. Das ist nix, oder?

*Lehrer* Der schaut, weil er Augen hat. Jeder, der Augen hat, schaut.

*Soldat* Aber nicht so, daß' mich ärgert. Daß' mich ärgert, so schaun bloß manche. Und die schlag ich zusammen. Für was sauf ich denn sonst, oder?!

*Phoebe* JEDER, DER AUGEN HAT, SCHAUT.

*Metzger* Der Kerker ist nur Prüfung. Die Zeit macht dich reif, und dabei vergeht sie.

*Mädchen* Die Zeit wird niemals kleiner. Sie ist so groß vor mir – wie die Ewigkeit. Ist es die Ewigkeit?

*Metzger* Das wäre trostlos. Denke, da ist jemand, der dich morgens weckt, der deine Zelle mit dir teilt. Tag und Nacht. Selbst wenn du schläfst, ist er da.

*Mädchen* Aber man muß etwas spüren. Deinen Gott spüre ich nicht. Das macht mich krank.

*Metzger* Die ist nur in deinem Kopf, die Krankheit. Sie frißt nicht deine Glieder, lähmt nicht deine Gelenke. Und gegen kranke Gedanken gibt es Gebete. In Demut bet ich dich, verborgne Gottheit, an, zum Beispiel, und O heilige Seelenspeise, und Aus tiefer Not schrei ich zu dir.

*Mädchen* Das ist die Qual, zu der man mich verurteilt hat. Die Zeit wird durch deine Gebete noch viel länger. Der Rosenkranz in meiner Hand brennt. Das Fegefeuer …

*Metzger* Das Leid wird kleiner, wenn es durchgelitten wird, es braucht sich auf und wird zu Sinn.

*Mädchen* O Stern und Blume, Geist und Kraft, Lieb, Leid und Zeit und Ewigkeit.

*Metzger* Du leidest nicht Hunger, du leidest nicht Durst, nicht Haß und nicht Liebe – du leidest nur das Leid …

*Mädchen* O befreie mich!

*Phoebe* DIE ZEIT MACHT DICH REIF UND DABEI VERGEHT SIE. GEGEN KRANKE GEDANKEN GIBT ES GEBETE. DU LEIDEST NUR DAS LEID.

*Modell* Sie kennen doch die Frau Hansen, die früher hier gewohnt hat im dritten Stock.

*Geliebte* Die Rote, die mit dem gichtigen Mann?

*Modell* Genau die. Stellen Sie sich vor, die hat sich scheiden lassen von ihrem Mann.

*Geliebte* Nein!

*Modell* Doch. Und das ist nicht alles. Vier Wochen später hat sie so einen Gastarbeiter geheiratet, ein Türke!

*Geliebte* Ein Türke?! Um Gotteswillen!

*Modell* Ja. Nicht allein, daß sie ihren Mann im Stich läßt, der krank ist, heiratet auch noch so einen Fremden.

*Geliebte* Da sind ja viele scharf drauf, auf sowas, in letzter Zeit.

*Modell* Ja. Es gibt eben solche und solche. Aber ich tät mich ja schämen. Schämen, sich mit sowas auf der Straße zu zeigen.

*Geliebte* Genau. Aber mancher kennt gar keine Scham.

*Phoebe* Es gibt eben solche und solche. Mancher kennt gar keine Scham.

*Soldat* Ich war halblinks.

*Metzger* Ja? Ich war im Tor.

*Soldat* Da sieht man aber heute nix mehr davon.

*Metzger* Wieso?

*Soldat* Ich mein bloß. Bißchen fett geworden, was?

*Metzger* Na und? Lieber fett als arm.

*Soldat* Ich weiß nicht, da stirbt man schneller.

*Metzger* Das macht mir doch nix. Solang ich da bin, laß ich mirs gutgehn. Was hinterher ist, geht mich nix an.

*Soldat* Ich möchte nicht so fett sein wie du.

*Metzger* Alles Neid. Was verdienstn du in der Woch?

*Soldat* Dreihundert.

*Metzger* Dreihundert bloß? Da tät ich mich ja wirklich einsargen lassen.

*Soldat* Wieso? Was verdienstn du?

*Metzger* Mehr wie du, das steht fest. Mit solchen Summen laß ich mich gar nicht ein.

*Soldat* A geh, da ist der Wunsch der Vater des Gedankens.

*Phoebe* LIEBER FETT ALS ARM. DA IST DER WUNSCH DER VATER DES GEDANKENS.

*Polizist* So, jetzt machs Maul auf, du Schlampe. Name.

*Frau des toten Soldaten* Magda Schneider.

*Polizist* Geboren?

*Frau des toten Soldaten* 12.4. 35.

*Polizist* Stand?

*Frau des toten Soldaten* Ledig.

*Polizist* Was? In dem Alter noch ledig? Da tät ich mich schämen an Ihrer Stelle.

*Frau des toten Soldaten* Ja. Ich hab keinen finden können, der recht war für mich oder ich für den andern.

*Polizist* Traurig. Aber mich wundert das nicht. Sie sind ja noch nicht mal gewaschen. Adresse.

*Frau des toten Soldaten* Ich hab mein Zimmer verloren. Ich habs nicht zahlen können. Ich war krank.

*Polizist* Kein fester Wohnsitz. Tja, das ist schlimm. Da werden Sie hier bleiben müssen.

*Phoebe* DA TÄT ICH MICH SCHÄMEN AN IHRER STELLE. ICH WAR KRANK.

*Soldat* Ich hab kommen sollen. Sie haben nach mir geschickt.

*Liebhaber* Wie ist der Name?

*Soldat* Kretschmar.

*Liebhaber* Ach ja. Stimmt. Es ist mir natürlich peinlich, aber die Firma hat sich entschlossen, im Zuge der Umstellung des Betriebes, Ihren Arbeitsplatz aufzulösen. Die Firma kündigt Ihnen zum Ersten.

*Soldat* Die Firma? ... Ich bin seit 26 Jahren im Betrieb, da ...

*Liebhaber* Die Firma hat vieles erwogen. Die Firma hat eine Entscheidung gefällt. Wir können nicht rütteln an einer Entscheidung von oben. Was von oben kommt, gilt. Das ist eben so.

*Soldat* Das liegt am Alter. Ich weiß schon. Man hört das ja oft heute. Das ist modern.

*Liebhaber* Unter uns, sind Sie in der Gewerkschaft?

*Soldat* Nein. Das war nicht das meine.

*Liebhaber* Tja dann.

*Phoebe* WAS VON OBEN KOMMT, GILT. DAS IST EBEN SO.

*Lehrer* Das System ist ganz einfach. Sie zahlen zehntausend Mark, wir bauen damit eine Waschanlage für Autos. Was der Autofahrer dann zahlt, das ist zuerst mal die Rückzahlung Ihrer zehntausend, von da ab Verdienst. Sie verdienen im Schlaf. Das möchte doch jeder.

*Metzger* Ich hab das Geld zwar, das schon. Aber ich hab lang sparen müssen dafür. Am Gesparten, da hängt man.

*Lehrer* Sie müssen nur rechnen, dann unterschreibts sich von ganz allein. Schauen Sie, wir haben die Rentabilität durch errechnet. Wenn am Tag nur dreihundert Autos durch die Maschine gehn, dann haben Sie nach acht Monaten Ihr Geld schon zurück. Und dann verdienen Sie neun Jahre und vier Monate und können Ihr Geld schön wieder anders verwenden. Nach zehn Jahren gehört die Anlage meiner Firma.

*Metzger* Wenn aber keine dreihundert Autos kommen am Tag?

*Lehrer* Schauen Sie doch auf die Straße. Was sehen Sie? Autos! Na bitte.

*Phoebe* AM GESPARTEN, DA HÄNGT MAN.

*Frau des toten Soldaten* Du mußt einfach so tun, als wenn er Luft wär für dich.

*Mädchen* Das kann ich doch nicht. Ich werd doch schon rot, wenn ich nur denke an ihn.

*Frau des toten Soldaten* Schlecht. Ganz schlecht. Wenn einer sieht, wie leicht er dich haben kann, dann nimmt er dich und schmeißt dich gleich wieder weg.

*Mädchen* Warum denn? Ich liebe ihn doch.

*Frau des toten Soldaten* Weil ein Mann was glaubt von

sich, was Tolles, wenn er ein Mädchen erobert. Sonst nimmt er den Spaß und will die Konsequenzen nicht ziehen. Das ist eben so.

*Mädchen* Ich kann mir nichts ausdenken, nichts Krummes, wenn ich wen liebe. Das find ich gemein.

*Frau des toten Soldaten* Dann sei eben dumm. Aber du wirst dich erinnern an mich. Es gibt Gesetze unter den Menschen, an die muß man sich halten, wenn man glücklich sein will auf der Welt.

*Phoebe* EIN MANN GLAUBT WAS VON SICH, WENN ER EIN MÄDCHEN EROBERT. DU WIRST DICH ERINNERN AN MICH.

*Geliebte* Ich darf dich nicht lieben.

*Metzger* Sag sowas nicht. Jetzt bist du bei mir. Ich laß dich nicht wieder weg.

*Geliebte* Nicht reden bitte, nicht reden. Man kann doch nicht immer tun, was man will. Der Mann bringt sich um ohne mich.

*Metzger* Dann hat er keine Bedeutung auf der Welt. Der kann dir doch dein Leben nicht stehlen für seins. Das ist nicht gerecht.

*Geliebte* Ich hab den Mann doch geliebt. Wir haben uns gegenseitig so Vieles versprochen. Versprechen – die muß man doch halten.

*Metzger* Nicht über das Ende hinweg. Du liebst ihn nicht mehr, Renate, du liebst ihn nicht mehr. So ein Leben, das ist doch die Hölle.

*Geliebte* Ich hab mich eingelassen auf was, das schmeißt man nicht weg. Ich liebe dich, aber es gibt keinen Weg.

*Phoebe* MAN KANN DOCH NICHT IMMER TUN, WAS MAN WILL. VERSPRECHEN, DIE MUSS MAN DOCH HALTEN. SO EIN LEBEN, DAS IST DOCH DIE HÖLLE.

*Polizist* Das Kapital war von mir. Das ist eine Tatsache, oder?

*Soldat* Das sollst du ja haben.

*Polizist* Aber ich habe auch gearbeitet, und zwar hart seit zehn Jahren.

*Soldat* Dafür hast du verdient. Ich ...

*Polizist* Hör doch mal zu, das Kapital hat sich vermehrt, durch deine und meine Arbeit. Das Kapital, das jetzt da ist, das geht doch zurück auf mein Anfangskapital und meine Arbeit.

*Soldat* Ja.

*Polizist* Also. Dann müßte von dem jetzt vorhandenen Geld doch die Hälfte eigentlich mir gehören.

*Soldat* Das kann schon stimmen. Aber die Verträge sind anders. Und – ich halte mich an Verträge.

*Polizist* Das ist Betrug, was du machst. Weil ich einmal dumm war, das nützt du aus.

*Soldat* Ruhe! Vertrag ist Vertrag! Wenn dus nicht weißt, dann wirst dus eben lernen müssen.

*Phoebe* ICH HALTE MICH AN VERTRÄGE.

*Liebhaber* Meine ...? Ah ja, natürlich. Ich erinnere mich.

*Metzger* Ich schreib ja ganz gerne an, aber da ist jetzt schon ein ganz hübsches Sümmchen zusammen.

*Liebhaber* Ein ...? Wieviel ist es denn?

*Metzger* Ja, 1200 Mark.

*Liebhaber* 1200 Mark!!! Wieso denn 1200 Mark?

*Metzger* Fragen Sie Ihre Frau, die muß es ja wissen. Kenn ich denn Ihre Verhältnisse. Entschuldigen Sie schon.

*Liebhaber* Zwölfhundert Mark, das ist Wahnsinn! Wahnsinn!

*Metzger* Wenn Sie die Summe so erregt, dann muß ich auf eine besonders schnelle Erledigung dringen. Es kann ja sein, daß Sie nichts haben, dann schau ich ganz dumm aus der Wäsche. Man kann sich schon täuschen bei Leuten.

*Phoebe* KENN ICH DENN IHRE VERHÄLTNISSE? ENTSCHULDIGEN SIE SCHON. MAN KANN SICH SCHON TÄUSCHEN BEI LEUTEN.

*Soldat* Ich geh jetzt.

*Mädchen* Ich weiß. Kannst du ...

*Soldat* Nein. Nein, es gibt keine Chance. Sie hetzen einen, bis man verzweifelt. Man kommt nicht zur Ruhe.

*Mädchen* Ja.

*Soldat* Ja. Ich bin gern zusammengewesen mit dir. Wenn ich sterbe, dann …

*Mädchen* Nicht! Du mußt wiederkommen. Ich brauch dich so sehr. Du darfst nicht sterben.

*Soldat* Man kanns sich nicht suchen, sein Ende. Das passiert, dann ist man am Arsch. Oder nicht – dann kommt man wieder, und kann die Angst nicht vergessen.

*Mädchen* Sie haben uns nichts ermöglicht. Man braucht uns bloß zum Verbrennen.

*Soldat* Ja. Ich geh. Ich gehe jetzt.

*Mädchen* Ja. Ich hab ihn so lieb.

*Phoebe* SIE HETZEN EINEN, BIS MAN VERZWEIFELT. MAN KOMMT NICHT ZUR RUHE. ICH BRAUCH DICH SO SEHR.

*Metzger* Ich schau, daß die Kohlen stimmen. Weil, das hat einen Grund. Sonst nix.

*Polizist* Das stimmt.

*Metzger* Und wenn die immer reden, von Streik und so Sachen. Das sind bloß faule Schweine, die wollen nix tun.

*Polizist* Ja, ich weiß nicht …

*Metzger* Jetzt kommst du mir auch mit dem Scheiß. Ich denke immer, keiner hat was Rechtes im Kopf außer mir.

*Polizist* Ich hab ja auch immer zugestimmt, was du sagst, aber …

*Metzger* Bei mir nicht. Kein Aber bei mir, ja! Mir gibt einer Arbeit und Geld. Auf die Arbeit kann ich verzichten, das stimmt schon, aber das Geld, das brauch ich. Und ohne Arbeit kein Geld, außer ich hab Kapital. Da gibt es für mich nix zu machen. Und wenn ich allein steh damit, was ist, find ich gut. Da gibts bei mir nix.

*Polizist* Was du sagst, wird schon stimmen. Ich will auch meine Ruhe. Das kann ich verstehen.

*Phoebe* Ohne Arbeit kein Geld, ausser ich hab Kapital. Ich will meine Ruhe.

*Lehrer* Da müssen Sie natürlich versuchen, alles zu verwenden, was Ihnen auffällt.

*Liebhaber* Gewiß. Man kann sich da ja fest drauf verlassen.

*Geliebte* Um Gottes willen! Niemals!

*Metzger* Verstehen Sie mich recht, ich geb ja nur weiter.

*Liebhaber* Tratsch. Ein wenig sollten Sie mich ja schon kennen.

*Phoebe* Deine Mutter ist eine Sau.

*Geliebte* Wie bitte? Haben Sie das gehört?

*Modell* Lassen sie doch. Die Arme.

*Geliebte* Es gibt ja auch Grenzen.

*Soldat* Ich für meinen Teil versteh vieles nicht mehr. Ich streng mich ja an, doch …

*Modell* Was verstehen Sie nicht mehr?

*Soldat* Daß die Verhältnisse, ohne …

*Phoebe* Wer stiehlt, der mordet auch.

*Lehrer* Ja, die Weisheit des Volkes. Ich würde nicht wagen, das zu verachten.

*Modell zu Phoebe* Komm.

*Lehrer* Wer ist das?

*Soldat* Anscheinend neu.

*Polizist* Liebste! Ich freu mich. Bist du schon lange da?

*Modell* Nein, nein, es ist schrecklich wie immer.

*Liebhaber* Gefällt Ihnen das Fest?

*Phoebe* Was kümmern mich deine Verhältnisse.

*Liebhaber* Kennen wir uns?

*Mädchen* Natürlich mit Astrologie. Womit meinen Sie, kann man sich sonst noch beschäftigen, oder!

*Frau des toten Soldaten* Ach ja.

*Phoebe* Ich hab Gerechtigkeit im Kopf.

*Mädchen* Liebste. *Küßt sie.* Sie sind neu, Sie Arme. Sie sind noch verwirrt.

*Phoebe* Man gewöhnt sich an alles.

*Liebhaber* Sie ist ein reizendes Mädchen.

*Mädchen* Ja.

*Geliebte* Meister?!

*Lehrer* Ja?

*Geliebte* Bringen Sie mir was zu trinken? Scotch bitte …

*Lehrer* Gerne.

*Phoebe* ICH WILL MICH NICHT EINLASSEN AUF VIELES.

*Frau des toten Soldaten* Da tun Sie gut dran, Liebste, wirklich. Man verzettelt sich leicht.

*Mädchen* Wie war Amerika?

*Liebhaber* Phantastisch. Wirklich phantastisch. Diese Weite. Vergleichbares kenne ich nicht.

*Mädchen* Sie sind eben ein Glückspilz.

*Frau des toten Soldaten* Lassen Sie uns doch setzen.

*Phoebe* ICH HABE ANGST.

*Frau des toten Soldaten* Das geht vielen so, Liebste. Das ist die Krankheit der Zeit.

*Geliebte* Danke. Und vergessen Sie das Buch nicht. Sie haben es so versprochen.

*Lehrer* Ich bitte Sie, Sie kennen mich doch.

*Phoebe* DAS IST EBEN SO.

*Metzger* Was?

*Liebhaber* Verzeihung. Möchten Sie tanzen?

*Phoebe* MAN KANN SICH VERÄNDERN.

*Metzger* Seltsam, diese Person.

*Soldat* Allemal lustiger, als mit Ihnen Geschäfte zu besprechen.

*Metzger* Das muß eben auch sein.

*Polizist* Und die Schule?

*Modell* Ich verlaß mich auf mein Gesicht.

*Polizist* Das kann ich verstehen.

*Liebhaber* Sehr schön, wie Sie tanzen.

*Phoebe* ICH BIN MÜDE GEWORDEN.

*Liebhaber* Jetzt schon? Setzen wir uns.

*Frau des toten Soldaten* Wenn Sie an Italien denken, das hat seine Reize.

*Geliebte* Man vergibt sich so leicht was.
*Phoebe* DAS IST SCHON RICHTIG, DASS UNTERSCHIEDE SIND AUF DER WELT.
*Liebhaber* Sie sind schön.
*Phoebe* WENN EINS UNGLÜCKLICH IST, DANN MUSS ES HALT REDEN.
*Soldat* Verzeihung. Kann ich Sie einen Moment sprechen?
*Liebhaber* Gern. Eine Sekunde.
*Phoebe* ICH HAB EINE AHNUNG VOM ENDE.
*Liebhaber* Ich bin ja gleich wieder da. Wirklich. *Zum Soldaten* Ja?
*Phoebe* ICH MUSS FERTIG WERDEN MIT MEINEN GEDANKEN.
*Soldat* Kennen Sie diese Person?
*Liebhaber* Nein, aber …
*Soldat* Die benimmt sich seltsam, die Dame.
*Liebhaber* Ich weiß nicht, ich …
*Metzger* Ich suche noch nach der Wahrheit.
*Mädchen* Eine endgültige Wahrheit gibt es doch nicht.
*Metzger* Das wird sich ja zeigen.
*Frau des toten Soldaten* Hat er Sie sitzenlassen? Das macht der öfters so. Tja.
*Phoebe* ICH WILL NICHT STERBEN.
*Frau des toten Soldaten* Ich bitte Sie, Liebste. Sind Sie etwa Pessimistin?
*Phoebe* ANGST HAT EIN JEDER.
*Frau des toten Soldaten* Da haben Sie auch wieder recht.
*Phoebe* WIR HABEN DOCH NOCH WAS ZUSAMMEN.
*Frau des toten Soldaten* Wir zwei. Sie sind niedlich. Wirklich.
*Phoebe* DAS MACHT MIR DOCH NICHTS AUS.
*Frau des toten Soldaten* Ich glaub fast, Sie sind betrunken.
*Modell* Ich muß mich wieder um die anderen kümmern.
*Polizist* Natürlich, verzeih.
*Modell* Ich komme wieder. Bis gleich. Was will dieser

gräßliche Mensch von Ihnen. Der regt sich auf jedesmal, schrecklich.

*Liebhaber* Wegen dem Mädchen, die sei nicht geheuer.

*Modell* Das ist sie auch, ganz im Vertrauen, sicherlich nicht. Trotzdem viel Glück.

*Liebhaber* Danke. Verzeihung, es hat doch länger gedauert.

*Phoebe* ICH BRAUCH DICH DOCH.

*Liebhaber* Ich weiß nicht, wie ... ich glaub ja auch, ich könnte Sie mögen. Wirklich.

*Modell* Amüsieren Sie sich gut?

*Lehrer* Leidlich. Danke.

*Modell* Ja. Wir erwarten noch Gäste, dann wird es lustiger sicher.

*Geliebte* Liebste. Wollte nicht dieser Schauspieler hier sein heute?

*Modell* Ist er dein Typ?

*Liebhaber* Gott bewahre, wo denkst du hin. Ich verehre nur seine Kunst.

*Phoebe* DU EKELST MICH AN.

*Liebhaber* Ich ... das ... warum denn so plötzlich?

*Phoebe* NACHSICHT MACHT SICH BEMERKBAR.

*Frau des toten Soldaten* Das geht aber schnell bei dem.

*Mädchen* Bei dem gehts immer schnell. Das ist seine Spezialität.

*Phoebe* EINE STRAFFE ERZIEHUNG IST DIE BESTE EINFÜHRUNG INS LEBEN.

*Liebhaber* Du hast zuviel getrunken. Bitte. Wir fallen auf.

*Phoebe* MIR TUN DIE FÜSSE WEH.

*Liebhaber* Laß uns gehen.

*Phoebe* PACK DEINE SACHEN.

*Liebhaber* Komm. Ich versteh dich nicht.

*Phoebe* DU MUSST JA NICHT ARBEITEN, DU HAST BLOSS DEN VORTEIL.

*Liebhaber* Benimm dich, ich ...

*Phoebe* MIR NIMMT NIEMAND WAS AB.

*Liebhaber* Komm, Kleine, du fängst dich schon wieder.
*Phoebe* ICH LIEBE DICH. *Sie beißt den Liebhaber.*
*Liebhaber* Ich akzeptiere natürlich Verzweiflung.
*Lehrer* Das tun wir alle. Gewiß.
*Phoebe* ALLE LEUTE TUN SICH WEH.
*Liebhaber* Das sind Gesetze auf dieser Welt. Man lernt ja. Scotch.
*Lehrer* Gerne. Am Ende passiert tatsächlich ein Gespräch.
*Phoebe* DU BIST SCHÖN.
*Geliebte kalt* Köstlich. Das ist selten, daß eine Frau der anderen Komplimente macht.
*Lehrer* Und noch seltener ehrlich gemeint. Bitte.
*Geliebte* Danke. Prost.
*Phoebe* DAS MACHT MICH TRAURIG.
*Geliebte* Was denn, Liebste?
*Phoebe* EIN SCHMERZ KOMMT IMMER.
*Mädchen* Das ist gewiß eine banale Erkenntnis. Aber letztendlich nicht ohne Reiz.
*Geliebte* Wenn Sie weiter sind mit der Liebe. Ich finde sie nach wie vor problematisch.
*Phoebe* WAS SCHÖN IST, HÖRT IMMER AM SCHNELLSTEN AUF.
*Geliebte* Nicht wahr?
*Frau des toten Soldaten* Sie haben doch einen reizenden Mann. Ich bitte Sie.
*Geliebte* Es ist nicht alles Gold, was glänzt.
*Phoebe* KÜSS MICH.
*Geliebte* Wer? Ich?
*Modell* Ich glaube auch fast, Sie sind gemeint.
*Soldat* Da tun sich Abgründe auf. Kennen Sie die Geschichte von Pelleas und Melisande?
*Metzger* Nein. Aber sie interessiert mich auch nicht.
*Soldat* Sie sind eben doch ein Banause.
*Phoebe* ICH MAG NICHT ZUSAMMENLEBEN MIT EINEM ANDEREN MENSCHEN.
*Mädchen* Das wünschen sich alle. Allein …
*Modell* Wo ein Wille ist, ist auch ein Weg.

*Phoebe* DAS KLINGT GEMEIN.

*Geliebte* Sie dürfen Ihre Freunde nicht verletzen.

*Phoebe* ICH MUSS MICH SCHÜTZEN.

*Polizist* Ihr seids alle Schweine.

*Modell* Franz! Bitte!

*Geliebte* Erschrick nicht. Den Zustand kennen wir alle bei ihm.

*Phoebe* ES GIBT GESETZE. *Sie beißt die Geliebte.*

*Polizist* Ich hasse euch alle!

*Modell* Trink nicht mehr, Franz. Hör doch.

*Phoebe* SIE WERDEN STERBEN.

*Soldat* Meint die mich? Die meint mich. Die hat gesagt, daß ich sterbe.

*Modell* Beruhige dich doch wieder.

*Soldat* Na klar werde ich sterben. Jeder von euch wird sterben.

*Phoebe* SIE LÜGEN.

*Frau des toten Soldaten* Wissen Sie, solche Parties, die haben wirklich ihre eigenen Gesetze.

*Phoebe* SIE WERDEN MITLEID HABEN MIT SICH.

*Polizist* Mitleid? Was ist denn das überhaupt?

*Soldat* Ich hab ja gleich gesagt, die Person ist gestört.

*Mädchen* Ich weiß nicht, ich find sie ganz nett.

*Phoebe* HÖREN SIE AUF!

*Mädchen* Ich hab doch gesagt, ich mag Sie.

*Phoebe* MAN MUSS SICH WAS LEISTEN KÖNNEN.

*Modell* Liebste. Setzen wir uns.

*Phoebe* SUCHEN SIE ÄRGER?

*Modell* Aber nein. Ich wollte bloß nett mit Ihnen plaudern.

*Phoebe* SIE SIND JA BLOSS NEIDISCH.

*Modell* Neidisch?! Wie meinen Sie das? Sie müssen auch ein gewisses Maß akzeptieren. Auch wenn Sie fremd sind. Neidisch! *Sie weint.*

*Phoebe* WER GLAUBT DENN HEUTE NOCH AN DIE EWIGKEIT.

*Metzger* Keiner. Fast keiner. Das ist schon ein Teil meiner Wahrheit.

*Phoebe* ICH BIN NUR EHRLICH. *Sie beißt das Modell.*

*Lehrer* Vielleicht hat sie recht. Vielleicht ist das eine Art von Ehrlichkeit, die uns neu ist.

*Phoebe* DU DARFST MIR DIE FÜSSE LECKEN.

*Lehrer* Aber liebste Freundin, mit mir kann man so leicht nicht streiten.

*Phoebe* GEH WEG, DU STINKENDER KÖTER. DU BEHANDELST MICH IMMER SO SCHLECHT.

*Lehrer* Ich kenne die Dame auch erst seit heute.

*Phoebe* WENN MICH EINER AUSLACHT, DANN SEH ICH ROT, KLAR?

*Frau des toten Soldaten* Ziemlich ordinäre Person.

*Mädchen* Wissen Sie, warum die eingeladen wurde?

*Frau des toten Soldaten* Keine Ahnung. Ich finde das reichlich geschmacklos.

*Metzger* Vielleicht haben Sie jetzt doch Lust, von Geschäften zu sprechen.

*Soldat* Schon eher.

*Phoebe* ICH HABE MICH GESCHÄMT. WIR WOLLTEN EINANDER NICHT IM WEGE STEHEN.

*Polizist* Lauter miese kleine Schweine.

*Frau des toten Soldaten* Der benimmt sich aber auch ziemlich unmöglich.

*Phoebe* ICH BRAUCHE DIESE FREIHEIT. ICH HÄTTE SIE EVENTUELL ERTRAGEN KÖNNEN. DU HAST IMMER NUR WAS GEWOLLT VON MIR.

*Frau des toten Soldaten* Ich bin sicher, Sie verwechseln mich, Liebste.

*Phoebe* DAS KIND HAT MICH NIE GELIEBT.

*Frau des toten Soldaten* Apart immerhin.

*Polizist* Die Frau ist so scharf. Wo kommstn du her?

*Phoebe* ICH BIN SO GERN ZUSAMMEN MIT DIR.

*Polizist* Mit mir? Ja, das kann ich verstehen.

*Phoebe* ALLEIN KANN KEINER LANG SEIN. FASS MICH NICHT

AN. VATER UNSER, DER DU BIST IM HIMMEL, VERZEIH MIR. ICH FINDE SIE SCHÖN.

*Polizist* Die ist irre, die Frau. Die ist total irre. Ich find dich wahnsinnig toll, Frau.

*Frau des toten Soldaten* Sehn Sie? Gleich und gleich gesellt sich gern.

*Mädchen* Das ist eben so. Man kann sich auf viele verlassen.

*Phoebe* ICH VEREHRE SIE, ICH MÖCHTE MIT IHNEN SCHLAFEN.

*Polizist* Wo kommstn du her? Sag mal?

*Phoebe* WENN DU KEIN VERTRAUEN HAST, DANN IST ALLES ZUVIEL. EIN KIND, DAS HAT MAN DOCH SICHER.

*Polizist* Die hat Phantasie, Ihr Arschlöcher. Der fällt was ein, der Frau, im Gegensatz zu euch lahmen Enten.

*Frau des toten Soldaten* Sind Sie nicht unverschämt.

*Phoebe* JEDER, DER AUGEN HAT, SCHAUT.

*Metzger* Wollen Sie gehen? Wir könnten woanders was trinken.

*Frau des toten Soldaten* Liebste?

*Mädchen* Ach nein, ich finds jetzt gerade spannend.

*Frau des toten Soldaten* Wir bleiben doch einen Moment.

*Phoebe* DIE ZEIT MACHT DICH REIF UND DABEI VERGEHT SIE. GEGEN KRANKE GEDANKEN GIBT ES GEBETE. DIE ZEIT MACHT DICH REIF UND DABEI VERGEHT SIE.

*Polizist* Ich liebe dich. Ich liebe diese Frau und ich hasse euch alle.

*Soldat* Sie benehmen sich schlecht. Überlegen Sie doch, was Sie sagen.

*Polizist* Du bist ein kleiner Scheißer.

*Soldat* Schon gut, mein Junge, schon gut.

*Phoebe* DU LEIDEST NUR DAS LEID. *Sie beißt die Frau des toten Soldaten.* ES GIBT EBEN SOLCHE UND SOLCHE.

*Polizist* Komm wieder her. Komm schon.

*Phoebe* MANCHER KENNT GAR KEINE SCHAM.

*Lehrer* Sie müssen reden.

*Phoebe* LIEBER FETT ALS ARM.

*Lehrer* Meinen Sie mich mit fett? Was?

*Phoebe* DA IST DER WUNSCH DER VATER DES GEDANKENS. DA TÄT ICH MICH SCHÄMEN AN IHRER STELLE.

*Lehrer* Sie sind ja doch verrückt.

*Mädchen* Ich habs ja gleich gesagt. Ich irre mich selten.

*Polizist* Ich bin verlassen worden. Ich bin allein.

*Phoebe* WAS VON OBEN KOMMT GILT. DAS IST EBEN SO.

*Metzger* Was ist jetzt? Mögen Sie das Geschäft oder nicht?

*Phoebe* AM GESPARTEN, DA HÄNGT MAN.

*Metzger* Ich lass Sie ja tun, was Sie wollen. Bitte sehr. Aber meine Geschäfte, die wollen Sie gefälligst mir überlassen.

*Phoebe* EIN MANN GLAUBT WAS VON SICH, WENN ER EIN MÄDEL EROBERT. DU WIRST DICH ERINNERN AN MICH.

*Mädchen* Ich finde, manchmal sagt sie ganz richtige Sachen.

*Lehrer* Sie ist besoffen. Das kennt man.

*Mädchen* Wahrscheinlich haben Sie recht.

*Phoebe* MAN KANN DOCH NICHT IMMER TUN, WAS MAN WILL.

*Mädchen* Eben. Das sollten gerade Sie nicht vergessen.

*Polizist* Ich muß … noch … was trinken … weil ich … noch was … trinken muß.

*Phoebe* VERSPRECHEN, DIE MUSS MAN DOCH HALTEN. SO EIN LEBEN, DAS IST DOCH DIE HÖLLE. *Sie beißt das Mädchen.*

*Lehrer* Wenn ich bedenke, irgendwie ist der Abend ganz lustig.

*Metzger* Ich weiß nicht recht. Es führt doch zu nichts.

*Polizist* Die Menschen sind alle gemein. Alle gemein.

*Metzger* Ich weiß immer nicht, wie man sich so betrinken kann. Ich finde das hemmungslos.

*Lehrer* Meist betrinkt sich doch bloß der Unglückliche, weil er nicht weiter weiß.

*Phoebe* ICH HALTE MICH AN VERTRÄGE.

*Polizist* Halt die Schnauze. Du bist auch wie alle.

*Phoebe* KENN ICH DENN IHRE VERHÄLTNISSE? *Sie beißt den Polizisten.*

*Metzger* Die sind anscheinend alle besoffen. Das ist keine Haltung mehr.

*Lehrer* Das stimmt. Vieles verliert sich.

*Soldat* Irgendwas ist komisch am Leben.

*Lehrer* Jetzt fängt der auch schon an. Bitte.

*Metzger* Ist Ihnen schlecht?

*Soldat* Nein. Ich denke.

*Phoebe* ENTSCHULDIGEN SIE. *Sie beißt den Lehrer.*

*Metzger* Wollen wir nicht besser gehen? Die Party geht langsam zu Ende.

*Soldat* Ich bleibe, verstanden?

*Metzger* Ich will nur das beste.

*Soldat* Den lassen Sie auch in Ruh.

*Phoebe* MAN KANN SICH SCHON TÄUSCHEN BEI LEUTEN.

*Metzger* Sind Sie doch endlich still. Sie sind doch schuld an dem Chaos.

*Phoebe* SIE HETZEN EINEN, BIS MAN VERZWEIFELT.

*Soldat* Irgendwas stimmt an dem, was sie sagt.

*Metzger* Ach was, ihr seid besoffen.

*Soldat* Ich bin nicht besoffen.

*Metzger* Das sagt jeder Besoffene, er ist der nüchternste.

*Phoebe* MAN KOMMT NICHT ZUR RUHE. *Sie beißt den Metzger.*

*Soldat* Es ist so still.

*Phoebe* ICH BRAUCH DICH SO SEHR.

*Soldat* Mich hat noch nie einer brauchen können. Noch nie.

*Phoebe* OHNE ARBEIT KEIN GELD.

*Soldat* Das ist richtig. Ohne Arbeit kein Geld.

*Phoebe* ALSO ICH HAB KAPITAL.

*Soldat* Ich hab aber kein Kapital. Gehst du heim mit mir, Mädchen?

*Phoebe* ICH WILL MEINE RUHE. *Sie beißt den Soldaten.*

*Liebhaber* Ich weiß nicht ... ich hab mal ... ich hab mal gewußt, wie ...

*Modell* Ich kann nicht mehr ... hab das Wort vergessen.
*Lehrer* Man kann doch ... ich versteh nicht ...
*Liebhaber* Geh ... das Wort heißt geh ...
*Soldat* Ich hab vergessen ... wie ...
*Frau des toten Soldaten* Die Worte ...
*Mädchen* Be-we-gung.
*Metzger* Be-we - das war doch ...
*Polizist* Vergessen. Ich habe vergessen.
*Geliebte* Das eine ...
*Metzger* Wie geht man? Wie ...
*Frau des toten Soldaten* Wie ... ist ...
*Lehrer* Was ist ... was ist man ...
*Mädchen* Wie heiße ich?
*Geliebte* Wie hei ...
*Soldat* Ver-gess-en.
*Phoebe* Durch den Verstand pflegt das Vermögen der Begriffe überhaupt ausgedrückt zu werden; er wird insofern von der Urteilskraft und dem Vermögen der Schlüsse als der formellen Vernunft unterschieden. Vornehmlich aber wird er der Vernunft entgegengesetzt; insofern aber bedeutet er nicht das Vermögen des Begriffs überhaupt, sondern der bestimmten Begriffe, wobei die Vorstellung herrscht, als ob der Begriff nur ein Bestimmtes sei. Wenn der Verstand in dieser Bedeutung von der formellen Urteilskraft und der formellen Vernunft unterschieden wird, so ist er als Vermögen des einzelnen bestimmten Begriffs zu nehmen. Denn das Urteil und der Schluss oder die Vernunft sind selbst als Formales nur ein Verständiges, indem sie unter der Form der abstrakten Begriffsbestimmtheit stehen. Der Begriff gilt aber hier überhaupt nicht als bloss abstrakt Bestimmtes; der Verstand ist daher von der Vernunft nur so zu unterscheiden, dass jener nur das Vermögen des Begriffes überhaupt sei.

# Kamikaze oder Die lange Angst des Rainer Werner Fassbinder

Der letzte Film, in dem Rainer Werner Fassbinder kurz vor seinem Tode 1982 noch einmal eine Hauptrolle spielte, hieß »Kamikaze 1989«. Darin verkörpert er einen kettenrauchenden, dem Alkohol verfallenen Polizeileutnant, der am bitteren Ende seiner Karriere angekommen ist. Ein Einzelkämpfer gegen eine Welt, die er längst durchschaut hat und für die nur noch Verachtung bleibt.

Kamikaze, der zerstörende Selbst-Zerstörer. Ist dies nicht zugleich eine Persönlichkeitsskizze des Rainer Werner Fassbinder? Immerhin hat der hyperproduktive Stückeschreiber, Bearbeiter, Drehbuchautor, Kameramann, Regisseur und Schauspieler seinen Abstieg in den Weltruhm noch erlebt. In »Querelle« nach Jean Genet – seiner letzten Regiearbeit – agieren Jeanne Moreau und Franco Nero. Ein Rosa-Luxemburg-Film mit Jane Fonda ist geplant. Hollywood zeigt zunehmendes Interesse. Aber auf dem inzwischen immer raffinierter belichteten Zelluloid finden sich kaum noch Spuren jener anarchisch-ungebärdigen Rebellionshaltung, aus der heraus seine frühen Theaterstücke und Filme entstanden waren. Die soziale Grundierung der Figuren – in den ersten Arbeiten noch mehr oder weniger deutlich zu erkennen – geht zunehmend verloren. Fassbinder weicht zwar auch später brisanten politischen Themen nicht aus, nutzt sie aber in immer stärkerem Maße nur als Vehikel für seine Selbst-Darstellungen, als Material seiner Selbstfindungs-Versuche.

Es ist kein Zufall, daß er sich in diesem Zusammenhang vom Theater ab- und den technischen Medien Film und Fernsehen zuwendet. »Ich möchte für das Kino das sein«, sagt er 1977 einem Reporter von »L'Express«, »was Shakespeare fürs Theater, Marx für die Politik und Freud für die Psychologie war. Jemand, nachdem nichts mehr ist wie zuvor.« Der Größe dieses Anspruchs entspricht die Größe der Illusion über das dazu notwendige ästhetische Programm. Fassbinder bringt es 1974 auf die kurze Formel: »Ich will den deutschen Hollywood-Film!« Das meint die Verbindung von sozialkritischem Anspruch und perfektioniertem Handwerk à la Hollywood. Oder – um es an zwei für ihn wichtigen Bezugsfiguren zu verdeutlichen – die Ehe zwischen einer Marieluise Fleißer und einem Douglas Sirk, dem amerikanischen Meister des Melodrams.

Die in diesem Band versammelten Stücke stammen aus den Jahren 1968 bis 1971, einer Zeit, in der Fassbinder mit großer Regelmäßigkeit zwischen Theater und Film pendelte. Eine Vielzahl seiner Bühnenstücke und -bearbeitungen erstand auf der Leinwand und dem Bildschirm ein zweites Mal. Als Beispiel sei hier nur auf den Streifen »Katzelmacher« verwiesen, der auch in den Studio-Kinos in der DDR zu sehen war.

Sein Credo als Regisseur in diesen Anfangsjahren beschreibt Fassbinder so: »Ich habe im Theater so inszeniert als wäre es Film, und habe dann den Film so gedreht, als wär's Theater, das hab ich ziemlich stur gemacht.« Das läßt sich ohne weiteres auch an den Stücktexten ablesen, deren filmschnittartige Collage-Technik vielfältigste, mitunter auch vieldeutige Assoziationsfelder aufbaut. »Bastarde der Form«, nannte der BRD-Theaterkritiker Benjamin Henrichs die Arbeiten Fassbinders, »Kreuzungen aus Theater und Kino«.

Seine ersten Erfahrungen mit einer freien Theatergruppe sammelt Fassbinder 1967, als er zum action-theater stößt, das in der Münchner Müllerstraße in einem konkursgegangenen Kino seine Spielstätte hat. Das ist ein kleiner, meist verrauchter Raum mit Nudelbrettbühne. Gespielt werden – überwiegend vor studentischem Publikum – selbstverfaßte Texte, aber auch Stücke der Weltdramatik, die allerdings auf ihren Gebrauchswert im aktuellen politischen Kampf hin rigoros abgeklopft werden. Das Spannungsverhältnis zwischen Stück-Realität und Wirklichkeit wird zum konstitutionierenden Element der Aufführungen.

Das action-theater ist ein typisches Produkt der Studentenbewegung der ausgehenden 60er Jahre. Die erstarrte Theaterlandschaft der BRD gerät in Bewegung, weil zahlreiche freie Gruppen die Bühne als Ort politischer Demonstration und Diskussion begreifen, was immer sie im einzelnen damit auch meinen mögen. Das Jahresheft »Theater 1968« der BRD-Zeitschrift »Theater heute« schätzt ein: »Kein Zweifel, dies ist das Thema auch des Theaterjahres. Die politische Revolte der intellektuellen Jugend hat sich, die Theatergebäude für politische Demonstrationen benutzend, auch gegen das unpolitische Theater gerichtet.«

Damit reflektiert das Theater sensibel die sich zuspitzenden Konflikte innerhalb und zwischen den großen bürgerlichen Parteien der Bundesrepublik. Der Widerstand gegen die Regierung organisiert sich in der – politisch in vielen Farben schillernden – »Außerparlamentarischen Opposition« (APO). Kampf gegen die Notstandsgesetze, für eine Reform der Hochschulpolitik und gegen den USA-Krieg in Vietnam sind die wesentlichen politischen Losungen der Studentenbewegung. Die Straße wird für die rebellierende, von den werktätigen Massen aber weitgehend isolierte studentische Jugend zum Kampfplatz.

Die beginnenden 70er Jahre sind in der BRD von den terroristischen Aktivitäten der Baader-Meinhof-Gruppe gekennzeichnet, deren Kern 1972 verhaftet wird.

Vor diesem politisch-historischen Hintergrund voll brisanter Sprengkraft muß man Fassbinders Theaterstücke sehen, die in jener Zeit entstehen und von denen vier hier abgedruckt sind: »Katzelmacher« (1968), »Preparadise sorry now« (1969), »Bremer Freiheit« (1970) und »Blut am Hals der Katze« (1971). Unschwer läßt sich feststellen, daß direkte Bezüge zu den politischen Tageskämpfen – zumindest in diesen vier Stücken – kaum vorhanden sind. Vielmehr hat er hier schon sein übergreifendes Thema gefunden: der einzelne mit seinen Ängsten und Sehnsüchten, der mit einer Menschen und Werte verschlingenden kranken Gesellschaft konfrontiert wird, aus der faschistoides Verhalten jederzeit abrufbar ist.

Fassbinders erste Kontakte mit der Bühne sind von zwei Theaterereignissen flankiert, die die bundesdeutsche Theaterszene prägend beeinflussen sollten. Am 16. September 1967 liefert Peter Zadek mit seiner Shakespeare-Inszenierung »Maß für Maß« in Ulm geradezu ein Modell für die »Umfunktionierung« klassischer Stücke, deren Texte nur noch das Spielmaterial für den Regisseur herzugeben haben. Ein halbes Jahr später, am 20. März 1968, hat in Frankfurt am Main Peter Weiss' »Viet Nam Diskurs« seine Uraufführung und wird zu einem bekenntnishaft gefeierten Erfolg des politisch-agitatorischen Dokumentartheaters. Die Zuschauer strömen am Ende unter rhythmischen »Ho Chi Minh«-Rufen auf die Bühne und fordern gemeinsam mit den Spielern zu Spenden für Vietnam auf.

Im eigenen Selbstverständnis sieht sich auch noch eine andere Theaterrichtung als systemkritisch. Sie nutzt den Formenkanon der Pop Art, sucht die Ästhetik des Comic strips auf die Bühne anzuwenden. Das gibt sich oft sehr aggressiv, bleibt aber nicht selten bei mehr oder weniger schockierender Bürgerschelte stehen und ist vor allem politisch äußerst ambivalent.

Zweifellos sind hier die ersten Versuche des action-theaters und Fassbinders – zumal die kurzen, für den Tag geschriebenen Programme – am ehesten zu Hause. Aber die Gruppe arbeitet gleichermaßen mit Agit-Prop-Elementen, und Fassbinder bringt zunächst noch eine andere Tradition mit ein: die des realistischen Volksstücks, von der er sich bald lösen wird, indem er nur noch formale Gestaltungselemente, nicht aber die politische Haltung des Volksstücks (etwa der Fleißer) übernimmt.

Es ist also – zu Beginn der Fassbinderschen Theaterlaufbahn – die Suche nach neuen ästhetischen Konzeptionen für die Bühne, so widersprüchlich sich dies im einzelnen auch darstellt, charakteristisch für die BRD. Hinzu kommt, daß gerade in den Endsechzigern eine Reihe namhafter Regisseure stirbt, die deutsche Theatergeschichte wesentlich mitgeschrieben und das Bild des BRD-Theaters nach dem Krieg mitgeprägt hat: Piscator (1966), Hilpert (1967), Fehling (1968), Kortner (1970). Damit ist auch personell eine Umbruch-Situation eingetreten. Und mit den »zornigen jungen Männern« ziehen nicht nur das Experimentieren mit neuen Spielweisen in die Theater ein, sondern auch neue Formen der kollektiven Arbeit an einer Inszenierung. Nicht selten sind die freien Gruppen zugleich Theaterkommunen, deren Mitglieder auch zusammen leben.

Als Fassbinder 1967 zum action-theater kam, war Peer Raben, der Stückbearbeiter und Regisseur, der künstlerische Kopf der Gruppe. Fassbinders Name findet sich erstmals inmitten eines vierköpfigen Regieteams, das im Oktober 1967 Büchners »Leonce und Lena« herausbringt. Die Spielstätte ist in einer Weise hergerichtet, die charakteristisch für das action-theater ist. Stellwände mit Farbfotos aus einer großen BRD-Illustrierten verweisen auf eine Serie über den Schah von Persien und seine Familie. Vier Monate vorher ist bei einer Anti-Schah-Demonstration in Westberlin der Student Benno Ohnesorg ermordet worden. In diesen Kontext wird Büchners bitteres Lustspiel gestellt; ein Assoziationsangebot ist unterbreitet, das den Blick für Parallelitäten zwischen Kunst-Welt und der realen Welt schärfen will.

Sein Debüt als Autor – hier allerdings noch als Bearbeiter einer Vorlage – gibt Fassbinder fünf Monate später mit »Zum Beispiel Ingolstadt« nach der Komödie »Pioniere in Ingolstadt« von Marieluise Fleißer. Die Produktion darf als Vorarbeit zu seinem ersten Stück »Katzelmacher« verstanden werden.

Fassbinder hat die Eigenart der Fleißerschen Figuren genau studiert. Er kommt dieser seltsam in sich ruhenden Denk-Welt der kleinen Leute, dieser Sprachlosigkeit der Sprechenden ziemlich nahe. Trifft viel von dem, was Franz Xaver Kroetz (der, nebenbei gesagt, auch 1968 die Münchner Theaterszene betritt, sich zunächst ziemlich erfolglos als Schauspieler versucht und sogar einige Male in Fassbinders späterem antiteater auftritt), was Kroetz also 1971 anläßlich des 70. Geburtstags der Fleißer so formuliert: »Die Figuren ihrer Stücke sprechen eine Sprache, die sie nicht sprechen können, und – was wichtiger ist – sie sind so weit beschädigt, daß sie die Sprache, die sie sprechen könnten, nicht mehr sprechen wollen, weil sie eben teilhaben wollen am ›Fortschritt‹ – und sei es nur, indem sie blöde Floskeln unverstanden nachplappern.« Allerdings bemerkt Kroetz an anderer Stelle, das wichtigste an ihr sei das Verständnis für die, »auf die es ankommt« (Horvath), auf die Masse der Unterprivilegierten. Zwar bleibt Fassbinders Interesse an diesen Kräften auch späterhin noch wach, aber er kann ihnen nur die Perspektive der Perspektivlosigkeit zubilligen. Sie haben zeitlebens ihr Kreuz zu tragen, um zum Schluß am Kreuz zu enden (erinnert sei nur an seinen Epilog zur »Berlin. Alexanderplatz«-Fernsehserie). Damit geht er nicht nur einen grundsätzlich anderen Weg als Kroetz, dem es um die Kraft der Schwachen zu tun ist, um das Aufzeigen einer positiven Utopie; er entfernt sich auch immer mehr von der Fleißer, deren sozial genau fixierten Figurenzeichnungen er nicht mehr folgt. So sind wohl auch die Worte der Fleißer zu verstehen, die im Jahresheft 1972 von »Theater heute« über alle ihre Söhne (z. B. Sperr, Kroetz, Fassbinder) schreibt und in bezug auf Fassbinder sagt, es gebe auch Sorgenkinder.

Dies bezieht sich wohlgemerkt noch nicht auf den Autor von

»Katzelmacher«. Das Stück wird 1968 am action-theater uraufgeführt und ein Jahr später verfilmt. Beide Produktionen sind der Fleißer gewidmet.

Schon der Vorspruch verweist darauf, wie stark die räumlichen und personellen Möglichkeiten des kleinen Theaters auch den Stückinhalt mitbestimmen: »Eigentlich hätte dies ein Stück über ältere Leute werden müssen ...« Aber, eingedenk der Realisierungsmöglichkeiten: »Nun sind sie alle jung.«

Fassbinder bietet gleichsam Notizen aus der bayrischen Provinz. Voller Intoleranz und Borniertheit verfolgt eine Gruppe einheimischer Jugendlicher den griechischen Gastarbeiter Jorgos. Von seiner Über-Potenz wird getratscht, vor allem aber will man wissen, daß er ein Roter sei. Im langweiligen Alltag, der von lieblosen Partnerschaften und Suff beherrscht ist, dient sein Anderssein als Blitzableiter unterdrückter Triebe. Die eigenen Depressionen werden als Aggressionen gegen den Griechen gekehrt. Wenn die Deutschen den Ausländer zusammenschlagen, ist das nur äußerer Ausdruck eines latent vorhandenen faschistoiden Grundverhaltens, das in ihrer Beschränktheit wohnt. Und wie schnell sich Jorgos den sozialen Abhängigkeitsmechanismen angepaßt hat, die in diesem Provinznest herrschen, beweist seine intolerante Haltung, die er am Schluß gegenüber dem neuen türkischen Kollegen zeigt.

In den Dialogen wechseln platte Redensarten, Allgemeinplätze, Banalitäten und Gossenjargon einander ab. Fassbinder charakterisiert seine Figuren, ihre Denk- und Verhaltensmuster mittels Sprache. Die Menschen sind gefangen in ihrer Sprache und durch ihre Sprache. Sie sind in ihr isoliert und einsam wie in einer Gefängniszelle, denn es ist ihnen nicht gegeben, ihre Gedanken und Gefühle auszudrücken. Es ist beileibe nicht allein der Grieche, der sich nur mühsam verständigen kann.

Bei der Münchner Uraufführung dauerte die Inszenierung ganze 40 Minuten, war aber gekoppelt mit einer zehnminütigen Version, die Jean-Marie Straub von Ferdinand Bruckners »Krankheit der Jugend« schuf. Das Stück des österreichischen Dramatikers (1891–1958) gehört neben »Die Verbrecher«, »Die Rassen« und »Früchte des Nichts« zu dessen Tetralogie »Jugend zweier Kriege«, die den Verfall der bürgerlichen Ideologie und Moral zwischen den Weltkriegen spiegelt. »Krankheit der Jugend«, 1926 uraufgeführt, beschreibt sexualpathologische Verwirrungen der studentischen Nachkriegsjugend.

Straub führte selbst Regie bei den Proben, die immerhin vier Monate (!) bei je zwei Stunden pro Tag dauerten. Diese Probenarbeit war für Fassbinder – so hat er später wiederholt betont – ein prägendes Erlebnis. Vor allem faszinierte ihn Straubs Suche nach einer Haltung zum Spiel, die es möglich macht, während man spielt, sich selbst zuzuschauen. Man sieht: Selbst im Münchner Untergrund-Theater kam man an Brechtscher Theater-Praxis nicht vorbei.

Mit »Axel Cäsar Haarmann«, einem Stück, das kollektiv entsteht, inszeniert und Ende April 1968 präsentiert wird, reagiert das action-theater wiederum ganz konkret auf ein aktuelles Ereignis: das Attentat auf Rudi Dutschke, einem der intellektuellen Köpfe der Studentenbewegung. Der Titel spielt auf den monströsen Massenmörder Haarmann an, der 1924 wegen 26fachen Mordes an jungen Männern in Hannover vor Gericht gestellt wurde. Der Programmzettel ist ein Flugblatt, in dem es heißt: »Es geht um *Springer* ...! (und die angefaulte Demokratie, die ihn herrschen läßt)«. Weiter wird mitgeteilt: »Der Erlös der Vorstellungen fließt dem Rechtshilfefonds des SDS (Sozialistischer Deutscher Studentenbund – D. K.) zu.«

Auf die Bühne gebracht wird ein kurzer Abriß der Studentenbewegung, und zwar unter Nutzung deren eigener Mittel (Demonstration, Transparente, Sprechchöre). Am Schluß tritt Fassbinder auf die Bühne und fordert, einen Wasserschlauch drohend in der Hand, dreimal zur sofortigen Räumung des Saales auf. Danach spritzt Wasser in den Raum.

Mit der Agit-Prop-Szenenfolge »Chung« beteiligt sich das action-theater als Straßentheater an den Demonstrationen gegen die Notstandsgesetze. Es sollte die letzte Aktion des action werden. Das Amt für öffentliche Ordnung der Landeshauptstadt München schaltet sich wegen angeblicher Mängel an technischen Leitungen im Theater ein, die schnell behoben werden. Trotzdem wird am 6. Juni 1968 die Schließung verfügt. Die Theaterkonzession habe nur »vorwiegend künstlerische Auseinandersetzungen«, aber kein politisches Theater gestattet.

Bei einem Gastspiel in der Akademie der bildenden Künste in München im Juli stellt sich die Gruppe erstmals unter ihrem neuen Namen antiteater vor. Gegeben wird beziehungsreich »Wie Herrn Mockinpott das Leiden ausgetrieben wird« von Peter Weiss. Das Programmheft verkündet programmatisch:

»antiteater = ensemble des actiontheaters,
antiteater = sozialistisches theater,
antiteater = information«

Die Gruppe ist schnell um eine politische Erfahrung reicher, als ihr Versuch, das Stück in Werkspausen vor Arbeitern zu spielen, am Widerstand der Unternehmer und der Gewerkschaft scheitert. Das antiteater schlägt mit einer wild-exzessiven, obszönen Kleinbürger-Satire zurück, die man – nach Alfred Jarrys Stück – »Orgie Ubuh« nennt.

Im Hinterzimmer der Schwabinger Wirtschaft »Witwe Bolte« findet die Gruppe eine neue Spielstätte. Eröffnet wird am 25. Oktober 1968 mit der Fassbinder-Bearbeitung und -Inszenierung »Iphigenie auf Tauris von Johann Wolfgang Goethe«. Iphigenie sitzt in einem Käfig aus Maschendraht als Symbol für die pervertierte Freiheit; Thoas steht für die verfestigte Macht. Orest und Pylades sind einander homosexuell zugetan. Den Wahnsinnsmonolog spricht Orest im Drogenrausch. Angereichert ist Goethes Text mit Zitaten von Mao, Paul McCartney und Erika Runge.

Fassbinder hat seine Art kundgetan, wie er mit klassischen Texten künftig umzugehen trachtet. Er produziert wahnsinnig schnell: Bis 1971 entstehen gemeinsam mit dem Kollektiv des antiteaters acht Stücke, acht Stückbearbeitungen, vier Hörspiele und 15 Filme. Viele davon sind für den Tag geschriebene Wegwerf-Texte. Trotzdem bleibt als erstaunlich festzuhalten, welche Fülle von Texten aus unterschiedlichsten Zeiten Fassbinder heranzieht, durch seine Mühle mahlt und auf die Bühne schleudert. Es eignet diesen Entwürfen ein Hang zum Irrationalen; ein Theater der Aufklärung ist Fassbinders Sache nicht. Der »Ajax« spielt bei ihm in einem Bundeswehrkasino, die »Bettleroper« (nach John Gay) begibt sich im Münchner Untergrund, in dem Mecki als Gammler bekannt ist, in Lope de Vegas »Brennendem Dorf« wird der Bauernaufstand zum sadomasochistischen Spektakel. Einen »Eindruck-Macher« nannte der BRD-Theaterkritiker Peter Iden Fassbinder, der nur »kurze, mit dem Abend ihrer Ausstellung schon vergangene Reizungen« produziere. Bleibt nur hinzuzufügen, daß eine von künstlich produzierten Reizen überfütterte

Gesellschaft auf Gedeih und Verderb auf immer neue Reize angewiesen ist. Fassbinder bedient rastlos, radikal, ideenreich eine fortwährende Marktlücke. Die von ihm möglicherweise intendierten politischen Absichten bleiben Nebensache: Es obsiegt die Form der Präsentation.

Mit seinem szenischen Oratorium »Preparadise sorry now«, das 1969 entsteht, spielt Fassbinder polemisch mit der Produktion »Paradise now« des New-Yorker Living Theatre. Die naiven Utopien dieses Barrikaden-Oratoriums des Living von 1968, die die Veränderung der bestehenden gesellschaftlichen Verhältnisse durch die Beseitigung der Grenze zwischen Kunst und Leben erreichen wollen, werden von Fassbinder konsequent abgelehnt. Er setzt dem ein in seiner Künstlichkeit, Stilisierung und Formenstrenge eiskaltes Gebilde entgegen, das als szenisches Puzzle eine Art Theater zum Selbstbauen darstellt.

Gegliedert ist das Stück in vier Materialgruppen. In Contres: Alltagsszenen, in denen jeweils zwei Personen eine dritte demütigen, erpressen, schlagen. In Erzähltexte über das britische Mörderpaar Ian Brady und Myra Hinley, die sogenannten Moormörder. Nach der Lektüre von de Sade und Hitler (»Mein Kampf«) begreift Brady seine Führer-Mission, richtet die ihm hörige Myra zu seinem Stellvertreter »Hessie« ab und läßt sie nach der Devise handeln: »Es ist auszuschalten alles minderwertige Leben.« Ferner gibt es sogenannte pas de deux: fiktive Dialoge zwischen dem Führer und seiner Stellvertreterin. Und schließlich liturgiques: Das sind Texterinnerungen an liturgische und kultische Kannibalismen, mit denen die Unterwerfung des Menschen gepriesen wird.

Für diese Vorführung der Verbindung von Sexualität und Aggressivität, die Fassbinder in die Nähe einer Deutung des Faschismus rückt (!), verzichtet er völlig auf die psychologische Durchgestaltung der Figuren. Sie sind entindividualisiert, ihre Namen zu Buchstaben erstarrt: L + M – H bedeutet, daß L und M sich gegen H verbündet haben.

Das Paradoxe nur ist: So sehr er auch jede Individualisierung im Detail vermeidet, die Psychologie kommt über seine Gesamtsicht auf das Thema Faschismus sozusagen durch die Hintertür ganz massiv wieder ins Spiel. Gerade in den Szenen Brady–Hinley erscheint faschistoides Grundverhalten im Alltag – das im übertragenen Sinne ja wohl gemeint ist – ausschließlich mit Freud erklärbar. Die bloße Bündelung von Szenen, in denen Menschen auf Geheiß einer »Idee« Gewalt gegen andere Menschen in allen Graduierungen anwenden, bleibt bei Aussparung jedes sozialen und gesellschaftlichen backgrounds nicht mehr als Formenspielerei.

Diesen Eindruck verstärkt Fassbinder noch mit seinem Hinweis, man könne sich das Stück zusammensetzen, wie man es für nötig hielte. Lediglich sollten die Dialoge zwischen Ian und Myra im Mittelpunkt stehen. Die Collage-Technik, ein wichtiges Prinzip des modernen Theaters, dem Zuschauer komplizierte Sachverhalte in ihrer Kausalität und historischen Einordnung deutlich zu machen, ist hier gleichsam über ihre Grenze hinausgeführt und in ihr Gegenteil verkehrt.

Mit einem dreizehnstündigen »Showdown« am Bremer Theater gelingt Fassbinder Anfang November 1969 der Durchbruch an die großen, etablierten Theater. Er zeigt zwei Filme (»Katzelmacher«, »Liebe ist kälter als der Tod«), eine Bearbeitung von Goldonis »Kaffeehaus« und eine von ihm selbst verfaßte kabarettistische Szenenfolge unter dem Titel »Anarchie in Bayern«, von der er sich bald wieder distanziert.

So sehr die Arbeit in Bremen in Fassbinders Schaffen eine Zäsur bedeutet und er immer stärker ins kritische Bewußtsein der Öffentlichkeit gelangt, behält er doch weitgehend die aus den Gegebenheiten des Kellertheaters entwickelte Arbeitsmethodik bei. Das sind: Spontaneität des Spiels, Diktat des Einfalls über den Stoff, insgesamt eine Spielweise, die das Publikum aggressiv schockieren will. Diese Kontinuität ist auch deshalb gesichert, weil Fassbinder seine Münchner Gruppe mit nach Bremen nimmt.

In Bremen wird Fassbinders erfolgreichstes Theaterstück – »Bremer Freiheit« – 1971 uraufgeführt. Es hat bisher über 60 Inszenierungen, einschließlich Fernsehverfilmungen, in der BRD und anderen Ländern erlebt. Das nimmt nicht wunder, kommt es doch den traditionellen Sehgewohnheiten des Publikums von allen Fassbinder-Stücken am weitesten entgegen. Es ist sein konventionellstes Stück: eine nach den Regeln des Dramas gebaute Moritat.

Schon der Untertitel »bürgerliches Trauerspiel« ist polemisch gemeint. Nimmt er doch den historischen Fall der Bremer Giftmischerin Geesche Gottfried, die 1831 wegen fünfzehnfachen Mordes öffentlich hingerichtet wurde, zum Anlaß, den Weg einer Frau nachzuzeichnen, die bei ihrem Versuch zu Liebe, Besitz, Freiheit zu gelangen, folgerichtig beim Mord landet. Die in der von Männern beherrschten Gesellschaft unfreie Geesche findet nur einen Weg in die Freiheit, und der muß mit ihrer totalen Unfreiheit, ihrem Tod, enden. Sie kann ihren Anspruch auf eigenes Denken und Tun, letztlich ihren emanzipatorischen Anspruch nur anarchisch durch Zerstörung behaupten.

Fassbinder interessiert der Prozeß, wie aus dem brutal drangsalierten Objekt ein zunehmend selbstbewußteres Subjekt wird, daß sich seine Mittel selbst wählt und entschieden gebraucht, ohne dabei der Illusion zu verfallen, mit den einzelnen Taten etwas an der doppelten Ausbeutung der Frau zu ändern.

Nach einer endlosen Befehlstirade ihres Mannes sind Geesches erste Worte »Ich will schlafen mit dir«, worauf dieser sie brutal zusammenschlägt. Natürlichster Anspruch der Kreatur trifft – in einer kurzen Szene zusammengezogen – auf die schlimme Deformierung dieses Anspruchs, Mensch zu sein. Am Schluß – nach der Kette von Morden – zieht Geesche die vernichtende Bilanz ihres Versuchs zu leben, indem sie ihrer Freundin Luisa den Tod gibt, um sie davor zu bewahren, das Leben, das sie führt, noch weiter führen zu müssen.

Unverkennbar ist der sozialkritische Impetus Fassbinders, der hier übrigens aus der gleichen literaturhistorischen Quelle schöpfte wie Hebbel bei seiner »Maria Magdalena«.

Fassbinders Text hat durchaus eine gesellschaftskritische Dimension, wenngleich nicht übersehen werden soll, daß hier soziale Widersprüche einschichtig am Biologischen, Mann contra Frau, festgemacht sind.

Es ist nun geradezu charakteristisch für Fassbinder, daß er die Sozialkritik bei seiner Bremer Uraufführung nicht weiterverfolgte, vielmehr durch überanstrengten Symbolismus der Szene eher verwischte. Die Spielfläche war ein liegendes, dunkles Kreuz, schwimmend in einem Meer von Blut. An die Wände waren Möwen gemalt als die Freiheitsklischees der Meere. Bullaugen und Gallionsfiguren schmückten die Zuschauer-Tribünen. Wie immer man den symbolischen Spielort deuten mag: Wieder siegt Fassbinders formalästhetischer Anspruch über seinen eigenen Text. Er verfährt wie bei Bearbeitungen und Inszenierungen anderer Autoren, nimmt seinen eigenen Entwurf lediglich als Material, das er neu organisiert. So produktiv diese Arbeitsmethode im Prinzip sein kann, wird sie dann zum Problem, wenn die Aufführung deutlich unter den Möglichkeiten des Stückes bleibt.

Zwischen den Stücken von 1971 – »Blut am Hals der Katze« und »Die bitteren Tränen der Petra von Kant« – vollzieht sich eine wichtige Wende in Fassbinders künstlerischem Selbstverständnis. Steht »Blut am Hals ...« am Ende einer Entwicklung, in der im wesentlichen die Collage-Technik dominierte, so tritt in »Petra von Kant« (und im Vorgriff bereits in »Bremer Freiheit«) das Melodram in den Vordergrund.

Im Programmheft der Uraufführung von »Blut am Hals der Katze« durch das antiteater-Kollektiv 1971 an den Städtischen Bühnen Nürnberg (Regie Raben/Fassbinder) hat er die grundlegende ästhetische Position seiner bisherigen Theaterarbeit so formuliert: »Alles in Einzelteile zerlegen und neu zusammensetzen, das müßte schön sein.« Das ist die Collage-Technik, begriffen als Möglichkeit des Autors, eine Distanz zum Stoff zu erreichen.

»Blut am Hals der Katze« – ursprünglicher Titel »Marylin Monroe contre les vampires« – entleiht seine Hauptfigur einem zweifelhaften Comic US-amerikanischer Produktion: Phoebe Zeitgeist, die nackte, schlimmsten Martern ausgesetzte Science-Fiction-Heldin, ist von einem fremden Stern auf die Erde gekommen. Bei Fassbinder hat sie den Auftrag, eine Reportage über die Demokratie der Menschen zu schreiben. Sie will dahinterkommen, nach welchen Regeln überhaupt Kommunikation stattfindet. Zunächst ist sie passive Beobachterin, die Sprache und Gesten studiert und in sich speichert. Im letzten Drittel des Stücks geht sie dazu über, das Gelernte anzuwenden. Es erweist sich, daß sie – obwohl sie die Sprache der Menschen gelernt hat – deren Sprache nicht versteht. Sie koppelt Handlungen mit Worten, die nicht zueinander passen, wendet die gelernten Sätze völlig sinnwidrig an. Mit der Erkenntnis der Sinnlosigkeit ihres Lernprozesses wird Phoebe Zeitgeist zum wütend um sich beißenden Vampir.

Ein ähnliches Motiv, wenngleich in anderem historischen Gewand, hatte Fassbinder (gemeinsam mit Harry Baer) ein Jahr zuvor schon in dem Theaterstück »Werwolf« abgehandelt. Sie entnahmen einer fränkischen Chronik des 16. Jahrhunderts die Biografie des Franz Weiß, der als Sohn einer ledigen Magd in Kriegszeiten aufgewachsen und von der Gesellschaft verstoßen zum Massenmörder wird, um seine Isolation zu überwinden.

Im dramaturgischen Bau steht »Blut am Hals ...« dem szenischen Oratorium »Preparadise sorry now« am nächsten. Wiederum fällt die strenge Gliederung auf; wieder gibt es einzelne Materialgruppen, die das Stück strukturieren: Dialoge, in denen Phoebe Sätze zu reproduzieren lernt; Dialoge, in denen sie die gelernten Sätze falsch anwendet; Monologe, die an Phoebe als nicht verstehende Partnerin gerichtet sind. Die Figuren sind Klischees, reine Demonstrationsmodelle.

Wenn die Sprachlosigkeit der Sprechenden, das Nicht-Funktionieren der Sprache als Kommunikationsmittel ein Grundthema Fassbinderscher Stücke (und Filme) ist, so haben wir hier geradezu ein Modell seiner Sprach-Kritik. Er demaskiert Sprache als Mittel der Lebens-Lüge, ohne freilich den Versuch zu machen, zu den sozialen und historischen Ursachen dieses Kommunikations-Verfalls vorzustoßen. Fassbinders Irrationalismus mündet in die Formel: Wir lernen immer nur das Falsche. Aus dem Ungenügen an der kapitalistischen Gesellschaft heraus gerät er, unter Ausklammerung jeglichen Kausalitätsdenkens, in die Sackgasse einer unverbindlichen Erscheinungskritik.

Fassbinder ästhetisiert seine Ohnmacht. In seinen Figuren wohnt seine eigene Hilflosigkeit, und die muß den Betrachter des Stücks – oder sagen wir besser: der meisten seiner Stücke – nur noch hilfloser machen. Damit hat die beabsichtigte Gesellschaftskritik – wie auch immer sie angelegt ist – schon wieder systemstabilisierende Wirkung. Hier liegen prinzipielle Unterschiede in der Sprach-Kritik eines Fassbinder und einer Fleißer, auf die er sich so gern beruft, von einem Franz Xaver Kroetz gar nicht zu reden.

Die Hinwendung zum Melodram, in dem der Mensch als Objekt ihm nicht begreifbarer gesellschaftlicher Konstellationen funktioniert, muß folgerichtig genannt werden. Sie ist bezeichnenderweise weniger in Fassbinders Stücken, denn in seinen Filmen auszumachen. Fassbinder – inzwischen zum Begriff auf dem Kunstmarkt geworden – will jetzt ein breiteres Publikum erreichen. Er nimmt 1971 endgültig Abschied vom elitären Underground-Theater und seinen Produktionsweisen. Das Kollektiv des antiteaters löst sich auf. Fassbinder wird allerdings eine bestimmte Gruppe von Mitarbeitern immer wieder für seine Produktionen heranziehen.

Zweifellos ist aber Fassbinders Begegnung mit Filmen von Douglas Sirk, die er 1970/71 kennenlernt, das auslösende Moment für seinen Weg zum Melodram. Fassbinder identifiziert sich fast völlig – was außergewöhnlich ist und auch nie wieder passiert – mit dem Menschenbild eines anderen Künstlers. »Imitation of Life«, ein Filmtitel bei Sirk von 1958, könnte programmatisch auch über dem Schaffen Fassbinders stehen.

Douglas Sirk, eigentlich Detlef Sierck, 1900 in Dänemark geboren, begann seine Karriere bei der Ufa, macht u. a. Zarah Leander berühmt (»La Habanera«), emigrierte 1937 über Frankreich in die USA. In Hollywood schuf er vor allem in den 50er Jahren eine Reihe von Filmen – »All That Heaven Allows«, »Written on the wind«, »The Tarnished Angels«, »Imitation of Life« – die seinen Ruf als Meister des Melodrams begründeten. In welch starkem Maße Fassbinder bei Sirk sein eigenes Bild von der Welt wiederfindet, belegt sein Aufsatz von 1971: »Alle Sirkschen Figuren laufen einer Sehnsucht hinterher ... Schuld ist die Einsamkeit und die Angst ... Allein kann er nicht sein und zusammen auch nicht ... Nach Douglas Sirks Filmen scheint mir die Liebe noch mehr das beste, hinterhältigste und wirksamste Instrument gesellschaftlicher Unterdrückung zu sein.« Daß das Motiv des unechten Lebens tatsächlich sein Werk durchzieht, hat Fassbinder 1974 in einer Betrachtung über seine eigenen Figuren so formuliert: »Es sind Leute, die, um das leben zu können, was ihnen lebenswert erscheint, sich halt in Rollen begeben, die eigentlich nicht die ihren sind ...«

Beziehen sich diese Äußerungen auch im wesentlichen auf seine Filme, so steht doch sein Theaterstück »Die bitteren Tränen der Petra von Kant« exemplarisch für diese Figurensicht. Unterstreicht schon der Titel das Melodramatische, so liest sich die Story von der schwerreichen Modeschöpferin, die sich in eine zehn Jahre jüngere Frau verliebt, von dieser am Ende im Stich gelassen und auch noch von ihrer Dienerin verlassen wird, fast schon wie eine Parodie auf das Melodram.

Die Uraufführung während der Experimenta 1971 in Frankfurt am Main (Regie Raben) fiel bei der Kritik mit Pauken und Trompeten durch. Dem Film, den Fassbinder nach seinem Stück drehte, war gleiches beschieden. Auf ihn nimmt auch Therese Giehse in ihrem Gespräch mit Monika Sperr Bezug, und es lohnt schon, bei ihrer differenzierten Einschätzung zu verweilen: »Sie wissen, ich mag die jungen Leut', ich mag sie wirklich. Aber der Fassbinder, der ist nicht jung. Ich hab sein antiteater sehr gerne gemocht. Da hatte er wirklich was zu sagen. Heute (Die Gespräche datieren zwischen November 1972 und Juni 1973 – D.K.) gehört er wohl zu den Schwätzern. Ein Film wie *Die bitteren Tränen der Petra von Kant* ist eine solche Nichtigkeit, daß man sich nicht einmal darüber ärgern kann. Diese Art von Dilettantismus ist ohne jeden Zauber.« Wie großartig sei doch, gemessen an Fassbinders Heldin, Wedekinds Gräfin Geschwitz: Die habe eine Geschichte, da sei wirkliche Traurigkeit. Und die Giehse faßt sehr genau Fassbinders Methode, die hinter all dem waltet: »Fassbinder spekuliert darauf, mit einer Pseudo-Geschichte beim Zuschauer Pseudo-Gefühle zu erwecken.«

Fassbinders Kontakte zum Theater werden in der Folgezeit bei zunehmender Filmarbeit immer sporadischer. Nach Arbeiten in Bremen und Bochum gibt es noch die einjährige Episode als Direktor des »Theaters am Turm« (TAT), in Frankfurt am Main, die 1975 beginnt, über glücklose Inszenierungen führt (Yaak Karsunkes Zola-Bearbeitung »Germinal«, Tschechows »Onkel Wanja«) und 1976 mit dem Weggang Fassbinders und der ihn begleitenden Gruppe im Streit endet.

Immerhin entsteht hier mit »Die Stadt, der Müll und der Tod« sein letztes Stück für das Theater. Es ist zugleich der Anlaß für die vorzeitige Lösung des Vertrages gewesen. Schon die Erstveröffentlichung zieht der Suhrkamp-Verlag nach kurzer Zeit zurück; eine Aufführung am Frankfurter Theater kommt nicht zustande. Das Stück wird zum Skandal, die Diskussion darüber nicht minder.

Wieder hat bei Fassbinder über die politisch durchaus verantwortungsbewußte Intention die geradezu naive Unbedenklichkeit im Umgang mit dem Material, das von enormer, historisch aufgeladener Brisanz ist, gesiegt. Er will – angeregt durch Gerhard Zwerenz' Frankfurt-Roman »Die Erde ist unbewohnbar wie der

Mond« – die systematische Zerstörung einer Stadt durch gewissenlose Profitmacherei anprangern. Ist schon die von ihm gewählte Szenerie eines expressionistischen Alptraum-Kabinetts voller Skurrilität und noch mehr Obszönität nicht dazu angetan, den Blick auf den Gegenstand zu schärfen, so wird die Wahl des reichen jüdischen Bauspekulanten zur Bezugsfigur vollends zum politischen Eigentor.

Es gehört andererseits ebenso zum Bild des Rainer Werner Fassbinder, wenn er 1978 in einem Fernseh-Interview die politische Entwicklung in der BRD als rückläufig empfindet, feststellt, daß die Chance nach 1945 nicht genutzt worden sei und »daß die Strukturen letztlich und die Werte, auf denen dieser Staat, jetzt als Demokratie, beruht, im Grunde die gleichen geblieben sind.«

Denken wir die Filme mit, die nach seiner Theaterzeit entstanden sind, so wird die Janusköpfigkeit in Fassbinders politischem Denken immer offensichtlicher. Seine Produktivität, seine Kreativität bleiben atemberaubend, aber ebenso der Abstand zwischen Absicht und Kunstprodukt. In den Filmen, die hier näher zu erörtern kein Raum ist, dominiert das Private bis zur Selbstentblößung. Sie sind Selbstgespräche, die sich dem Zuschauer oftmals kaum noch mitteilen können oder wollen. Das schwelt zweifellos auch schon in den Chiffren seiner frühen Theaterstücke.

Um die Persönlichkeit Fassbinders in ihrer ganzen Zerrissenheit zu fassen, kommen wir an einigen biografischen Details nicht vorbei. Und es ist bezeichnend, daß er das Vexierspiel um seine Person schon um sein Geburtsdatum organisiert hat. In den einschlägigen Biografien steht der 31. Mai 1946. Im Geburtsregister von Bad Wörishofen ist ein Rainer Werner Fassbinder unter dem Jahr 1945 erfaßt, geboren als Sohn eines Arztes und einer Dolmetscherin.

Biografischen Äußerungen aus Fassbinders Munde wird man also mit Vorsicht begegnen müssen. Jedenfalls befindet er über seine Kindheit: »Meine Eltern haben mich systematisch zum Künstler abgerichtet, ich mußte nach Plan ›gute Bücher‹ lesen und erlesene Gedanken produzieren.« Seine Bilderbücher seien nicht der »Struwwelpeter« oder Comic Strips gewesen, vielmehr Dürer, Altendorfer oder Michelangelo.

Ein prägendes Erlebnis der frühesten Jahre ist, daß das Haus ständig von vielen Menschen bevölkert war. Daß er Jahrzehnte später, ob im Film oder im Theater, immer viele Menschen um sich haben wollte, daß er Rollen für seine Freunde, auch für seine Mutter, schrieb, habe – so sagt er 1978 in einem Interview – »immer mit dem zu tun, was ich als kleines Kind erlebt habe.«

Er ist sechs Jahre alt, als sich die Eltern scheiden lassen. Der Vater hat sich kaum für ihn interessiert. Jetzt muß Fassbinder lernen, denn die Besucher bleiben aus, allein mit der Mutter zu leben. Diese geht neue Bindungen ein. Fassbinder kommt kaum noch nach Hause, verkriecht sich in der Einsamkeit. Die Ärzte bescheinigen ihm, daß er manisch-depressiv sei.

Er absolviert das Gymnasium in Augsburg und München, arbeitet danach in verschiedenen Jobs und nimmt nebenbei Schauspielunterricht. Bei seinem Eintritt ins Münchner action-theater ist weitgehend jene Gruppe schon versammelt, die später seinen Clan bildet, mit dem er spannungsreich zusammenlebt und produziert: die Schauspieler Hanna Schygulla, Ingrid Caven, Irm Hermann, Kurt Raab, Harry Baer, Uli Lommel und der Regisseur, spätere Komponist der Musik zu vielen Fassbinder-Filmen, Peer Raben.

Fassbinder sieht sich schnell als Kopf der Gruppe, als deren »Kollektiv-Leithammel«. Er muß es in noch viel größerem Maße gewesen sein, als er damals selbst ahnte. Jedenfalls sind die zahllosen Veröffentlichungen seiner Mitstreiter, die nach seinem Tode mit schneller Feder auf dem »Fassbinder-Boom« schwammen, auf den Nenner zu bringen, daß alle mehr oder weniger die Vater-Figur vermissen.

Von den Ängsten, der Verzweiflung, den Depressionen eines sensiblen Künstlers, der die ihn umgebende gesellschaftliche Realität nur noch im Rausch der Arbeit, der Drogen, des Alkohols erträgt, ist wohl in den Gesprächen mit ihm am wenigsten nach draußen gedrungen, am meisten aber in seinen Filmen und Stücken. Nicht zufällig ist es, daß wir in der Titelei seiner Filme finden »Liebe ist kälter als der Tod«, »Angst essen Seele auf«, »Angst vor der Angst« und »Ich will doch nur, daß ihr mich liebt«. Das erzählt viel über die innere Befindlichkeit ihres Autors.

Als sein Thema hat Fassbinder – zum letzten Mal anläßlich der Verfilmung von »Berlin. Alexanderplatz« – benannt »... die Benutzbarkeit, die Ausbeutbarkeit von Gefühlen«. Fassbinder erkannte nicht, daß er, dieses Thema in einem nebulösen Ungefähr durchspielend, kaum zu allgemeiner Verbindlichkeit, also zu viele Menschen bewegenden Fragen vorstoßen konnte.

Aus dem jugendlich-überhitzten Kämpfer wider die kapitalistische Gesellschaft ist am Ende ein Kämpfer gegen sich selbst geworden. Er weiß um den Ausgang seiner manischen Arbeitswut, seiner exzessiven Lebensweise. »Schlafen kann ich, wenn ich tot bin«, sagt er und ist sicher, daß er jung sterben wird. »Ich werde auf keinen Fall vierzig, maximal 35, 36.« Er stirbt am 10. Juni 1982.

Man pflegt in solchen Fällen von einem frühvollendeten Werk zu sprechen, das Fragment bleiben mußte. Ein Fragment, in dem sich der angemeldete Widerstand gegen die bürgerliche Gesellschaft ebenso artikuliert wie das schleichende Gift der Anpassung an die Spielregeln eben dieses Kunstmarkts.

Dieter Krebs

ISBN 3-362-00326-5

2. Auflage
Lizenz-Nr. 414.235/112/88
LSV-Nr. 7306
Lektor: Frank Starke
Typografie: Horst Albrecht
Printed in the German Democratic Republic
Gesamtherstellung: IV/10/5 Druckhaus Freiheit Halle
625 632 7
00400